Bastelspaß

Suchbilder

Natur

Dieses Buch gehört:

Das große „spielen und lernen"-Jahrbuch für Kinder
Mein buntes Jahr in der Natur
Velber Verlag
© Family Media GmbH & Co. KG
Freiburg im Breisgau
Alle Rechte vorbehalten
Titelbild und Rabe Jakob: Irmgard Eberhard
Druck: Eurolitho, Italien

ISBN 3-89858-252-3

Das große **spielen und lernen**
JAHRBUCH
für Kinder

Mein buntes Jahr in der Natur

velber

Das Sonne-Mond- und-Wetter-Lied

Ein Lied von Ulrich Maske (Ursprung Irland)
mit einem Bild von Melanie Garanin

Fröhlich

Wenn die Sonne scheint, Sonne scheint, Sonne scheint, wenn die Sonne scheint, sing ich ein Lied. So hell wie ein Sonnenstrahl klingt es auf jeden Fall. Singt von den Farben, die leuchten im Licht. Zaubert ein Lachen, schon hast du es im Gesicht. Und die Lerche hoch oben singt mit.

Wenn der Regen fällt, Regen fällt, Regen fällt,
wenn der Regen fällt, sing ich ein Lied.
Von schimmernden Perlen
und glitzernden Erlen,
von taufrischer Luft
und von saftigem Grün.
So hörst du mein Lied
und so siehst du die Wolken ziehn.
Und dann trommelt der Regen selbst mit.

Wenn der Wind dann weht, Wind dann weht, Wind dann weht,
wenn der Wind dann weht, sing ich mein Lied.
Und weht er nur leise
und kräuselt die Seen,
dann säuselt mein Lied
auch ganz leise für sich.
Und wenn er zum Sturm wird,
dann fürcht ich mich fürchterlich!
Doch der Wind pfeift mein Lied lachend mit.

Spät im Mondenschein, Mondenschein, Mondenschein,
spät im Mondenschein sing ich mein Lied.
Die Nachtvögel sangen,
der Tag ist vergangen.
Wer weiß, was uns morgen
der neue Tag bringt.
Die Sterne hörn zu,
wie die Stadt jetzt ihr Traumlied singt,
und am Himmel träumen sie mit.

Januar

Ein gutes Jahr!

Pieter Kunstreich

Der Januarwind bläst bitterkalt,
See und Tümpel sind aus Eis.
Der sonst so grüne Sommerwald
ist erstarrt und glitzert weiß.

Wie eine Decke liegt der Schnee
über Stein und Pflanzen.
Es dauert noch, bis überm See
wieder Mücken tanzen.

„Nun ist der Winter wirklich da!",
hört man die Leute sagen.
„Wir wünschen uns ein gutes Jahr
mit vielen schönen Tagen."

Wie der Winterzauberer überlistet wurde

Eine Geschichte von Anne Hassel
mit Bildern von Sigrid Gregor

Es ist schon viele Jahre her, da gab es mitten im Winter ein paar Frühlingstage. Es wurde so warm, dass der Schnee in den Bergen schmolz, die Menschen ihre Wintermäntel auszogen und Schneeglöckchen vorwitzig aus der Erde spitzten.
Verantwortlich dafür war ein Zauberer – der Frühlingszauberer. Und das kam so: Über jede Jahreszeit, den Frühling, den Sommer, den Herbst und den Winter, wachte ein Zauberer. Er war für die Monate, die Wochen und Tage zuständig und für das richtige Wetter zur jeweiligen Zeit, damit es nicht etwa im August schneie oder im Februar die Äpfel reif an den Bäumen hingen.
Die 365 Tage wurden in vier großen Schränken sorgfältig aufbewahrt.
Morgens nahm der Zauberer, der gerade an der Reihe war, einen Tag aus dem Schrank und schickte ihn auf die Erde. Bevor die Nacht anbrach, holte er ihn wieder und legte ihn vorsichtig in seine Schublade zurück.
Die vier Zauberer waren sehr unterschiedlich.
Der Sommerzauberer konnte lachen, dass man es im ganzen Land hörte. Er legte sich mit sonnenverbrannter Haut an einen See und verträumte die Stunden.
Der Herbstzauberer war aufbrausend, launisch und unberechenbar. Er malte den Bäumen bunte Blätter und dann schickte er den Wind los, um sie ihnen zu entreißen.
Der Winterzauberer ließ Schneeflocken tanzen und Christbäume erstrahlen. Er redete nicht viel. In seinem grauen Bart tummelten sich Eiskristalle und er lächelte fast nie.
Und der Frühlingszauberer?

Er war der Lustigste von allen. Einer, der nichts als Unfug im Sinn hatte und die anderen drei oft mit seinen Streichen ärgerte.

Anfang Januar sagte er zu dem Winterzauberer: „Wetten, dass ich ein paar von deinen Tagen gegen ein paar von meinen austauschen kann, ohne dass du es merkst?"

Die Gesichtsfarbe des Winterzauberers wechselte von Weiß zu Rot. Dann polterte er los: „Nein! Nie und nimmer! Das kannst du mir glauben!"

„Bist du dir sicher?", fragte der Frühlingszauberer verschmitzt. „Ich weiß genau, dass ich das kann."

„Gut! Dann versuch es doch. Du wirst dich ganz schön blamieren", schrie der Winterzauberer.

„Werde ich nicht", lächelte der andere und fegte davon, um mit dem Wind einen Wettlauf zu machen.

Der Winterzauberer eilte zu seinem Schrank und verschloss die Schubladen, in denen er seine Tage aufbewahrte. Anschließend setzte er sich in den großen Sessel, der davor stand und hielt Wache. Doch schon bald wurde er müde. Schließlich gab es in den Monaten seiner Dienstzeit viel mehr zu tun als sonst. Die Tage mussten früher geholt werden, da sie ja kürzer auf der Erde verweilten. Also blieb auch ihm nicht so viel Zeit zum Erholen zwischen dem Auf-die-Reise-Schicken und dem Zurück-ins-Zauberland-Holen.

So schloss er erst das eine, dann das andere Auge – und plötzlich schlief er ganz tief und fest.

Auf Zehenspitzen schlich der Frühlingszauberer herbei, der auf diesen Augenblick gewartet hatte. Er öffnete den Schrank, entwendete zwei Januartage und tauschte sie gegen Apriltage.

Dann verzog er sich schnell, leise vor sich hin summend.

Ein paar Minuten später wachte der Winterzauberer auf. Erschrocken sah er sich um, doch nichts ließ darauf schließen, dass sich etwas verändert hatte. Dem Frühlingszauberer würde er es zeigen, dem unsteten Gesellen. Was bildete sich dieser ein? Ihn überlisten – nie, niemals würde ihm das gelingen.
Am nächsten Morgen griff der Winterzauberer mit kalten Fingern in eine Schublade, zog einen Tag aus dem Fach und brachte ihn auf die Erde.
Doch was war das? Es wurde warm – so warm, wie sonst nur im Frühling! Die Sonne schien und die Temperaturen kletterten nach oben.
Und am nächsten Tag? Da passierte es gleich noch einmal!
„Hab ich nicht gewettet, dass ich dich überliste?", fragte der Frühlingszauberer, und der Winterzauberer musste es grollend eingestehen.
Aber eine kleine Genugtuung blieb ihm: Zwei Januartage würde es im April geben, zwei ganze Tage mit frostigem, kaltem Wetter – und einem Winterzauberer, der dann schmunzelnd im Zauberland stehen und zufrieden auf die Erde sehen würde.

Verkehrte Welt?

Was ist denn das? Mitten im Winter hat sich eine falsche Jahreszeit eingeschlichen. Findest du alle 12 „Fehler"?

Illustration: Sigrid Gregor

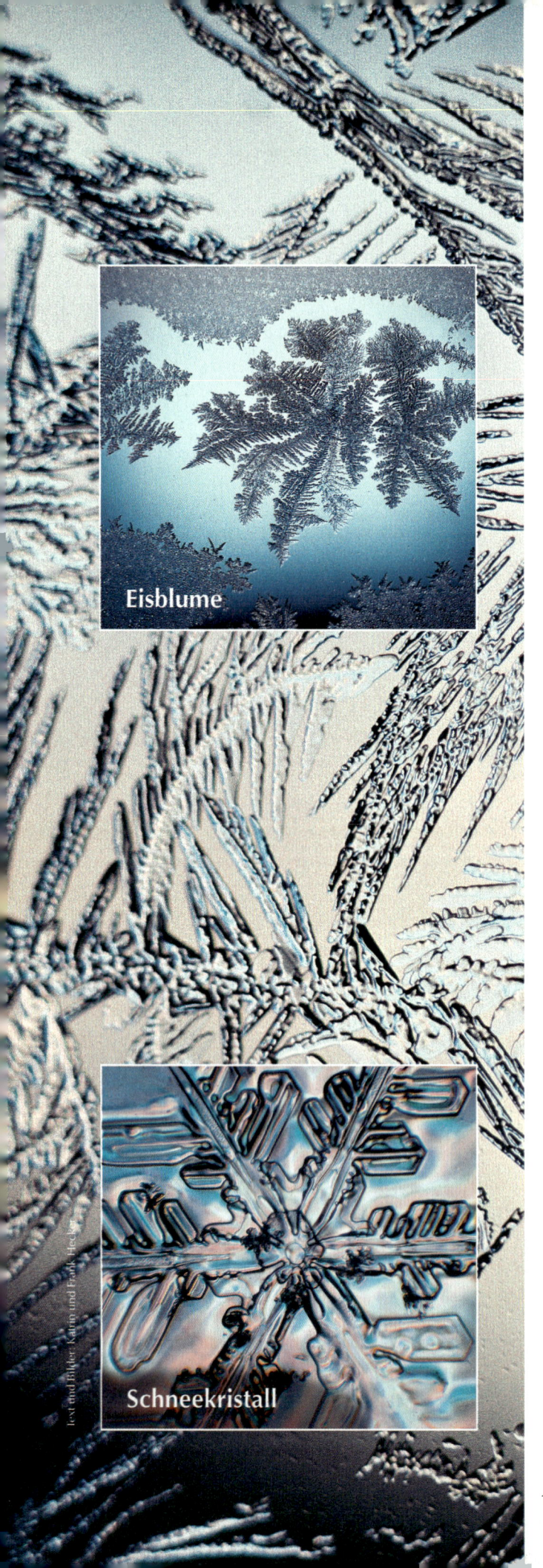

Eisige Blumen

Wie wächst eine Eisblume?
Im Winter wachsen die schönsten Blumen! Nach einer frostigen Nacht kannst du sie an manchen Fensterscheiben sehen. Erst gefriert ein winziges Wassertröpfchen, dann noch eins und noch eins. Sie legen sich zu wunderbaren Blüten und Blättern zusammen. Aber diese Blumen halten nur kurz. Ein Sonnenstrahl oder ein warmer Atemhauch genügt – und schon löst sich die Blumenpracht in Wassertröpfchen auf.

Wo wächst eine Schneeflocke?
Schneeflocken wachsen ähnlich wie Eisblumen. Doch sie legen einen weiten Weg zurück! Sie beginnen ihre Reise als winziges Wassertröpfchen hoch oben am Himmel. Gerät so ein Tröpfchen in kalte Luft, gefriert es zu einem Schneekristall mit sechs Ecken. Wird er in wärmere Luft gewirbelt, schmelzen seine spitzen Ecken sofort – ganz rund werden sie. Dann schwebt der Schneekristall weiter in kalte, feuchte Luft. Schnell beginnen seine sechs Ecken wieder zu wachsen – bis an einem kalten Wintertag viele Kristalle ineinandergehakt als watteweiche, federleichte Schneeflocke herab auf die Erde schweben.

Findest du zwei gleiche Schneekristalle?
Auch wenn in einer Winternacht Milliarden Schneekristalle als Schneeflocken auf die Erde fallen, so sieht doch keiner aus wie der andere! Denn jeder hat eine etwas andere Reise hinter sich und wuchs etwas anders heran. Man kann sagen: Jeder Schneekristall erzählt seine Geschichte von dem weiten Weg zur Erde. Ausnahmsweise gibt es auf dieser Seite Schneekristall-Zwillinge.
Findest du sie?

Frostbilder am Fenster

Du brauchst:
- selbstklebende Klarsichtfolie
- Wollfäden und Schere

❶ Du legst ein Stück Klebefolie so vor dich, dass der Schutzfilm oben ist. Zieh ihn vorsichtig ab.

❷ Nun kannst du mit Wollfäden Bilder auf die klebrige Folie legen. Lass an den Rändern ein paar Zentimeter frei.

❸ Du kannst die Bilder direkt auf das Fenster kleben. Oder du klebst eine zweite Folie über das Bild. Dabei beide Folien fest zusammendrücken. Den Rand kannst du zurechtschneiden.

Der Geh-nicht-Mann

Ein Lied von Eckart Kahlhofer
mit einem Bild von Waldemar Drichel

Ein-sam und ver-las-sen steht ein Mann, der nie auf Stra-ßen geht;
ganz al-lei-ne steht der Mann, der nie und nim-mer ge-hen kann.

Als Hut hat er 'nen alten Topf,
als Augen zwei Briketts im Kopf.
Mit einer Möhrennase krumm
steht er in der Gegend rum!

Fängt die Sonne an zu scheinen,
dann beginnt er gleich zu weinen,
und so wird er klein und kleiner;
bald ist er dann kein und keiner!

Wer mir den Namen nennen kann
von diesem Straßen-geh-nicht-Mann,
der ist gar klug und weise.
Pssst! – Nichts verraten! – Leise!

Februar

Die drei Spatzen

Ein Gedicht von Christian Morgenstern
mit einem Bild von Daniela Chudzinski

In einem leeren Haselstrauch,
da sitzen drei Spatzen, Bauch an Bauch.
Der Erich rechts und links der Franz
und mittendrin der freche Hans.
Sie haben die Augen zu, ganz zu,
und obendrüber, da schneit es, hu!
Sie rücken zusammen dicht an dicht,
so warm wie Hans hat's niemand nicht.
Sie hörn alle drei ihrer Herzlein Gepoch.
Und wenn sie nicht weg sind, so sitzen sie noch.

Unsere Vögel im Winter

Der Winter ist für unsere Vögel eine schwere Zeit. Nun gibt es keine Mücken, Raupen und Käfer mehr zu fressen. Und wenn der Schnee die Erde zudeckt, ist nicht einmal mehr ein Körnchen am Boden zu finden. Deshalb machen viele Vögel im Winter Urlaub in Afrika. Da scheint auch jetzt die Sonne und es gibt reichlich zu fressen.
Und die Vögel, die hier bleiben? Nie lassen sie sich so gut beobachten wie jetzt! Schau, was sie tun!

Spatzen helfen sich gegenseitig. Im Winter schließen sie sich zusammen. Hat ein Spatz Nahrung entdeckt, kommen die anderen gleich hinterher.

Der **Buntspecht** findet auch im Winter immer etwas zu fressen: Mit seinem spitzen Schnabel stochert er nach Käfern und Larven, die sich im Holz verstecken.

Fotos und Text: Frank und Katrin Hecker

Die **Amsel** sucht unter Blätterhaufen nach Regenwürmern und anderen Kleintieren. Ein leckerer Nachtisch für sie ist liegen gebliebenes Fallobst.

Das **Rotkehlchen** plustert seine Federn auf, so weit es geht. Zwischen ihnen sammelt sich Luft und die hält den Vogel so warm wie dich deine Bettdecke!

Meisen sind sehr zutraulich und freuen sich über ein Futterhäuschen im Garten.

Die Geschichte Grün

Eine Geschichte von Otto Königsberger mit Bildern von Barbara Stachuletz

Es war noch mitten im Winter, im kalten Februar, und das Land lag voll Schnee, als die Mutter mit ihrem kleinen Mädchen einkaufen ging. Sie kaufte dies und das, eine ganze Tasche voll, und als sie mit dem Einkaufen fertig waren, sagte die Verkäuferin zu dem kleinen Mädchen, das übrigens Marlene hieß: „Einen Luftballon willst du doch sicher auch haben!"
Da Marlene nicht nein sagte, bekam sie einen grünen Luftballon und lief damit auf die Straße. Es dauerte nicht lange, da geschah es: Das kleine Mädchen konnte mit seinen dicken Handschuhen den Bindfaden des Ballons nicht richtig festhalten, er rutschte ihm aus der kleinen Faust heraus, und auf und davon ging die grüne Kugel auf die Winterreise.

Manches Kind hätte nun losgeheult, aber Marlene war ein lustiges Mädchen. Es rief dem grünen Ballon nach: „Grüß alle schön, die du unterwegs triffst!" Und sie schaute mit ihrer Mutter zusammen dem Ballon nach, bis er hinter den Häusern verschwunden war.

Der Ballon segelte langsam über die Stadt und über den Tierpark dahin. Als er über dem großen Teich schwebte, stiegen die Möwen hoch. Sie sind nur im Winter hier, weil sie dann den anderen Vögeln das Futter wegschnappen können. Die Möwen kreischten: „Verschwinde hier, du grüner Dickkopf! Es ist weiße Zeit, es ist weiße Zeit, es ist Möwenzeit!"
Ihr Kreischen drang bis zu den dicken Karpfen hinunter, die tief im Schlamm des Teiches saßen, und sie murmelten einander zu: „Hat da nicht jemand ‚grün' gesagt, sollte das vielleicht schon der Frühling sein?" Aber weil sie nichts mehr hörten, schliefen sie vorsichtshalber wieder ein.
Indessen flog der Ballon über das weiße Land. Die Menschen sahen kurz zu ihm auf und vergaßen ihn wieder. Aber die Tiere, die den Klang der Farbe hören können, sagten zueinander: „Schau, da kommt eine kleine grüne Glocke geflogen, vielleicht wird es bald Frühling!" Dabei freuten sie sich; denn sie haben viel Not zu leiden im Winter. Die Rehe

müssen das Futter unter Eis und Schnee mit ihren Hufen hervorgraben; die Hasen finden kaum noch ein Strünkchen erfrorenen Kohls; die Vögel plustern sich zu dicken Federkugeln auf, um nicht zu erfrieren; die Mäuse müssen sehr vorsichtig sein, dass sie der hungrige Fuchs oder die Eule nicht erwischt. Nur die Ringeltauben verlieren den Mut nicht und rufen den ganzen Tag: „Gurr, gurr!"

Der Ballon flog weiter über das weiße Land und läutete immerzu: „Grün-grün-grün! Ich bin grün-grün-grün!"

So kam er schließlich in die Berge; viel Kraft hatte er nun nicht mehr, und er sank langsam auf einen Hang nieder, auf dem Kinder rodelten und Groß und Klein auf Skiern herumfuhren.
„Grün, grün, ein grüner Ballon!", lachten die Kinder, und die Großen machten mit den Schlitten und den Skiern einen Bogen um die lustige Kugel. Ein paar Jungen begannen mit ihren Skiern Jagd auf den Ballon zu machen. Sie schlugen ihn mit den Skistöcken durch die Gegend, als wäre er ein Hockeyball, und schließlich traf einer von ihnen den Ball mit der scharfen Spitze seines Stocks. Der Ballon, wie gesagt, er hatte nicht mehr viel Kraft, machte nur leise ‚pufff', als er platzte, und es blieben ein paar grüne Gummifetzen auf dem weißen Schnee.

Rundum aber hoben die Tiere, die großen und die kleinen, die Rehe, die Hasen, die Mäuse, die Vögel, der hungrige Fuchs und die Eule die Köpfe und spitzten die Ohren und fragten: „Warum ist es denn wieder so still geworden, es läutete doch so schön: ‚Grün-grün-grün!' Und nun hören wir wieder nichts als: ‚Weiß-weiß-weiß! Und kalt-kalt-kalt!'"
Nur die Knospen an den Bäumen waren inzwischen ein wenig dicker geworden, seit der grüne Ballon läutend über das Land gezogen war, und tief unter dem Schnee begannen die Frühlingsblumen, ihre spitzen grünen Nasen mutig nach oben zu schieben.

Winter, ade!

Wie viele Eichhörnchen sind hier versteckt?
Wie viele Vögel findest du?
Wie viele Krokusse blühen schon?

März

Frühlingsträume

Ein Gedicht von Ulrich Maske
mit einem Bild von Marion Weiße

Der Eisbär und der Pinguin,
die haben Frühlingsträume.
Statt Eisweiß sehen beide nun
die schönsten Blütenbäume.
Der Eisbär liegt in seinem Traum
auf Wiesengrün als Hase.
Er schnuppert süßen Blütenflaum
mit seiner Hasennase.
Der Pinguin träumt sich als Huhn,
kann gar nichts andres denken:
Dem Eisbärhasen möchte er
ein buntes Traum-Ei schenken.

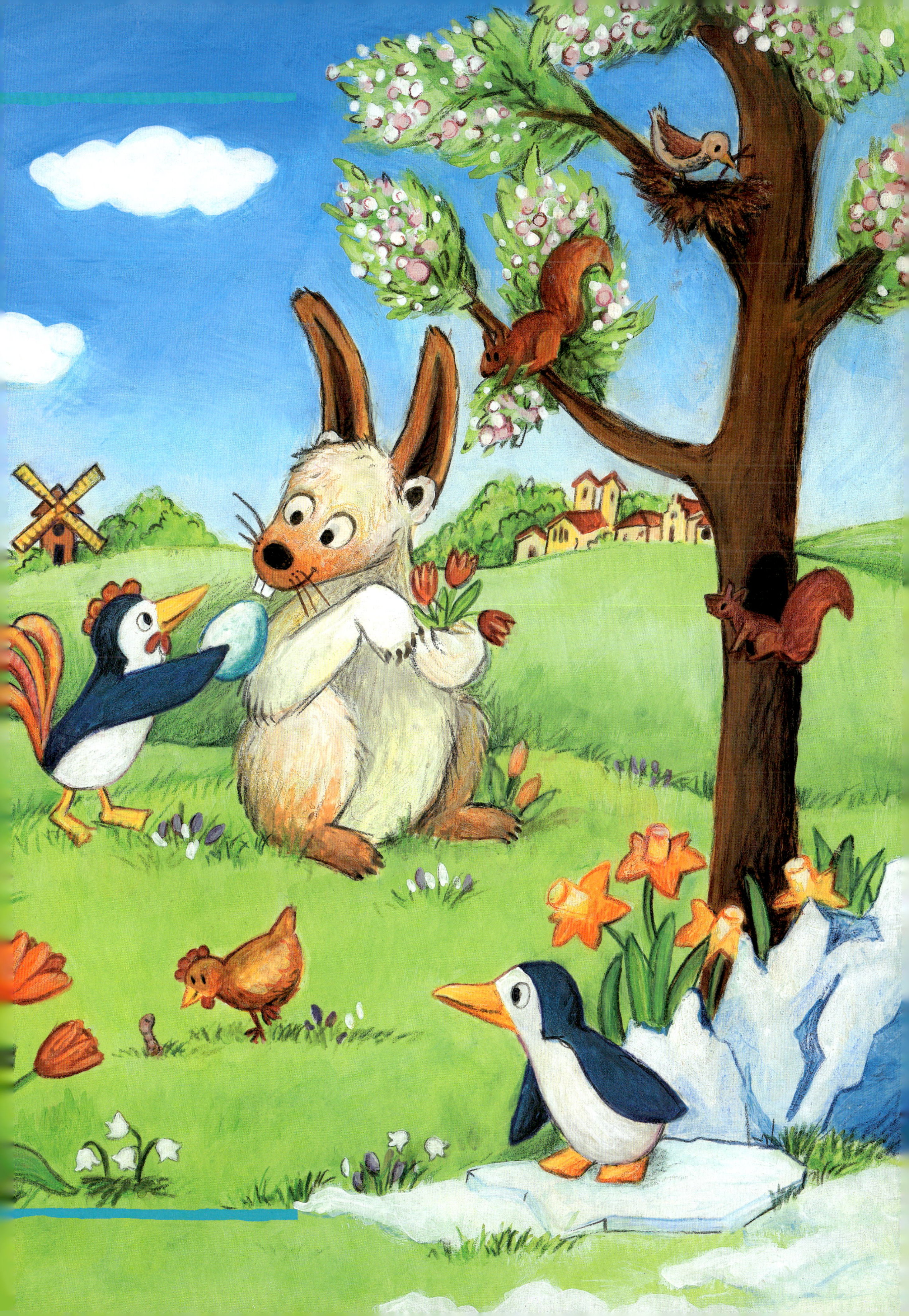

Glückskäferglück

Eine Geschichte von Elke Bräunling
mit Bildern von Corina Beurenmeister

So richtig war der Frühling noch nicht da, als der kleine Marienkäfer aus dem Winterschlaf gerissen wurde.
Was war das?
Vorsichtig öffnete er ein Auge und erschrak. Eine feuchte Hundeschnauze stöberte in den Blättern, unter denen er sich sein Winterlager eingerichtet hatte.

Der kleine Käfer begann sich zu fürchten. Außerdem war ihm kalt. Mit aller Kraft klammerte er sich an ein dickes Eichenblatt. Gerade noch rechtzeitig, denn schon schleuderte eine Hundepfote, die in der Erde grub, das Blatt weit von sich weg. Es landete auf einem sonnigen Rasenstück.

Hmm. Wie gut taten die ersten Sonnenstrahlen! Wohlig reckte sich der Marienkäfer auf seinem Blatt. Er genoss die lang entbehrte Sonnenwärme. Ob schon Frühlingszeit war? Oder hatte er gar den Frühlingsanfang verschlafen?
Neugierig setzte er sich auf und hob die Fühler. Tatsächlich. Es roch nach Frühling. Da musste er doch gleich losfliegen und nach Freunden und Bekannten vom letzten Jahr Ausschau halten. Er pumpte seine Flügel auf und flog in die warme, duftende Frühlingsluft.

Schön war es, endlich wieder die Welt zu sehen und durch das Wäldchen hinüber zu den Gärten zu fliegen.
Der kleine Marienkäfer freute sich. Alle Plätze, die er vom letzten Sommer her kannte, besuchte er. Zart schimmerte erstes frisches Grün auf dem wintergrauen Rasen, den Blumenbeeten, und ein erster feiner Grünschleier überzog auch schon die große Birke.

„Es ist wohl noch ein sehr früher Frühling", brummte der Marienkäfer, der sich vergebens nach seinen Freunden umschaute. „Sie scheinen alle noch zu schlafen." Er war leicht beunruhigt.
Im frühen Frühling, das wusste er aus Erzählungen, waren die Nächte noch kalt, und er hatte gerade sein Winterlager verloren. Was tun?
Kummervoll saß der kleine Käfer auf einem Birkenast und überlegte: Ich muss mir einen neuen Schlafplatz suchen. Aber wo nur?
Ratlos sah er sich um. Die Menschen hatten im Garten bereits tüchtig Frühjahrsputz gemacht. Da war kein einziges Blatt mehr, unter dem er sich hätte verkriechen können. Wo sollte er nun die kalte Nacht verbringen? Ängstlich flog er auf ein Haus zu und landete aus Versehen – hoppla! – auf der Nase eines weinenden Kindes.

Oh, dachte er, da ist noch jemand traurig. Im gleichen Augenblick hörte das Kind auf zu weinen.
„Ein Glückskäfer", rief es. „Juchhu, ich habe den ersten Glückskäfer in diesem Jahr gefunden." Dann lief es zu seiner Mutter und sagte fröhlich: „Nun muss ich nicht mehr traurig sein."
„Juchhu!", jubelte auch der kleine Käfer. „Ich habe das erste Kind in diesem Jahr gefunden. Ein richtiges Glückskäferglück ist das! Nun muss ich mir keine Sorgen mehr machen."
Und das musste er auch nicht. Vorsichtig setzte das Kind den Käfer in einen bunt bepflanzten Blumentrog, der in der Ecke der warmen Terrasse stand, und der kleine Marienkäfer kuschelte sich glücklich und zufrieden unter das dichte Laub der Primeln.

Marie Marienkäfer und ihre Babys

Endlich ist es Frühling! Marie Marienkäfer ist aufgewacht und krabbelt auf den ersten grünen Blättern und bunten Blumen umher.

Der Winter war lang und Marie Marienkäfer hat mächtig Hunger. Sie muss nicht lange suchen, schon hat sie ihre Lieblingsspeise entdeckt: eine Laus.

Glückskäfer
Marienkäfer und ihre Babys, die Larven, vertilgen Unmengen an schädlichen Läusen. So sorgen sie dafür, dass Blumen und Gemüse gesund wachsen können. Ein Glück für große und kleine Gärtner!

An einem Sonnentag feiert Marie Hochzeit. Sie hat ein hübsches Männchen gefunden: rot mit schwarzen Punkten.

Nach der Hochzeit sucht Marie ein Plätzchen, um ihre Eier abzulegen. 500 leuchtend gelbe Eier sind es.

Doch was ist das? Aus den Eiern schlüpfen kleine, graue Tierchen! Keine Sorge. Marienkäferbabys sehen so aus.

Die Kleinen fressen viel. Mehr als 400 Blattläuse futtert jedes in den nächsten Wochen. Einige schaffen sogar 3000!

Im Mai kriecht jedes Marienkäferkind in einen Schlafsack, den es sich gewebt hat, und schläft zwei Wochen tief und fest.

Wenn sie ausgeschlafen haben, krabbeln lauter fertige Marienkäfer aus den Schlafsäcken. Und jedes sieht aus wie Marie.

Flieg geschwind wie der Wind

Du brauchst:
- Karton (Wellpappe)
- Tonkarton, verschiedene Farben
- 1 langen Holzstab
- 2 kürzere Holzstäbchen
- 4 Holzperlen
- 1 Stecknadel mit Kopf
- rote Farbe
- A4-Blatt
- Transparentpapier
- Filzstifte
- Bleistift, Klebstoff, Schere, Lineal

❸ Das Windrad faltest du aus einem quadratischen Stück Transparentpapier: Falte es zweimal diagonal. Die Knicke schneidest du fast bis zur Mitte ein. Alle Ecken werden zur Mitte hin gebogen und dort mit einer Stecknadel fixiert. Hinten auf die Nadel kommt eine Perle. Mit der Perle als Abstandhalter piekst du das Windrad am Käfer fest.

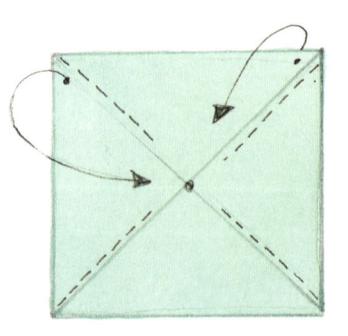

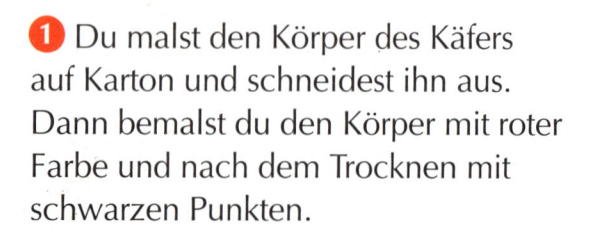

❶ Du malst den Körper des Käfers auf Karton und schneidest ihn aus. Dann bemalst du den Körper mit roter Farbe und nach dem Trocknen mit schwarzen Punkten.

❷ Gesicht, Mütze, Beine, Strümpfe schneidest du aus Tonkarton aus. Die Strümpfe kannst du mit Filzstiften bunt bemalen. Dann klebst du die Strümpfe an die Beine und die Beine an den Körper des Käfers.

❹ Zum Schluss bohrst du den Holzstab unten in den Käfer.
Nun kannst du den Käfer in den Wind stellen!

Idee und Realisierung: Sabine Lohf

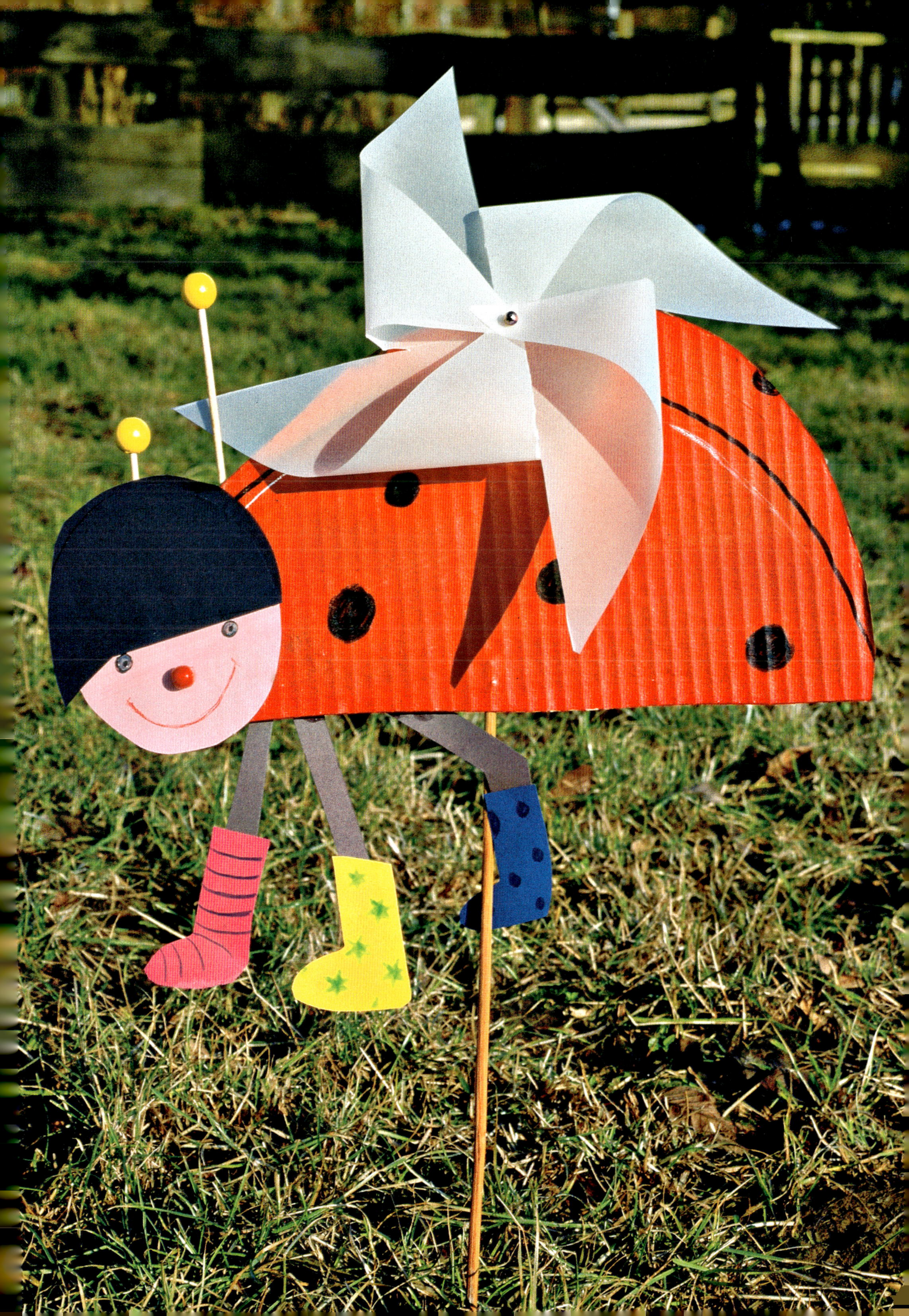

Der Frühling kommt

Jetzt macht es Spaß, im Freien zu spielen und den Frühling zu entdecken.
Und was kannst du alles entdecken?

April

Die Kinder haben die Veilchen gepflückt

Ein Gedicht von Theodor Storm
mit einem Bild von Marion Krätschmer

Die Kinder haben die Veilchen gepflückt,
all, all, die da blühen am Mühlengraben.
Der Lenz ist da; sie wollen ihn fest
in ihren kleinen Fäusten haben.

37

Das Rezept

Eine Geschichte von Josef Guggenmos
mit Bildern von Zora

Der April war eben eingetroffen.
Ernst und Elfriede gingen von der Schule
nach Hause. Da fanden sie an der Straße
ein großes Blatt. Ernst hob es auf.
Er begann zu lesen:
Man nehme ...
„Ein Rezept", sagte er. „Das kannst du
besser."
Er reichte das Blatt seiner Schwester.
Elfriede las:

verloren! Es ist das Rezept, nach dem
er das Wetter brauen will. Da können
wir uns auf was gefasst machen!"
„Dem kann abgeholfen werden",
meinte Elfriede. Sie kramte aus ihrem
Ranzen einen Stift. Dann legte sie das
Rezept auf den Ranzen und begann,
es zu korrigieren. Als sie mit ihrer Arbeit
fertig war, lautete das Rezept:

„Was soll das bedeuten?", fragte Ernst.
„Hm", sagte Elfriede mit gerunzelter
Stirn. Sie las das Ganze noch einmal.
„Aha!", rief sie, als sie fertig war.
Und auch bei Ernst war jetzt der
Groschen gefallen: „Das hat der April

„Oh!", rief Ernst anerkennend. „Jetzt
schaut es schon bedeutend besser aus!"
„Der April kommt bestimmt wieder und
sucht nach seinem verlorenen Rezept",
meinte Elfriede.
Sie legte das Blatt an seinen alten Platz
an der Straße. Dann wanderten die
beiden zufrieden nach Hause.

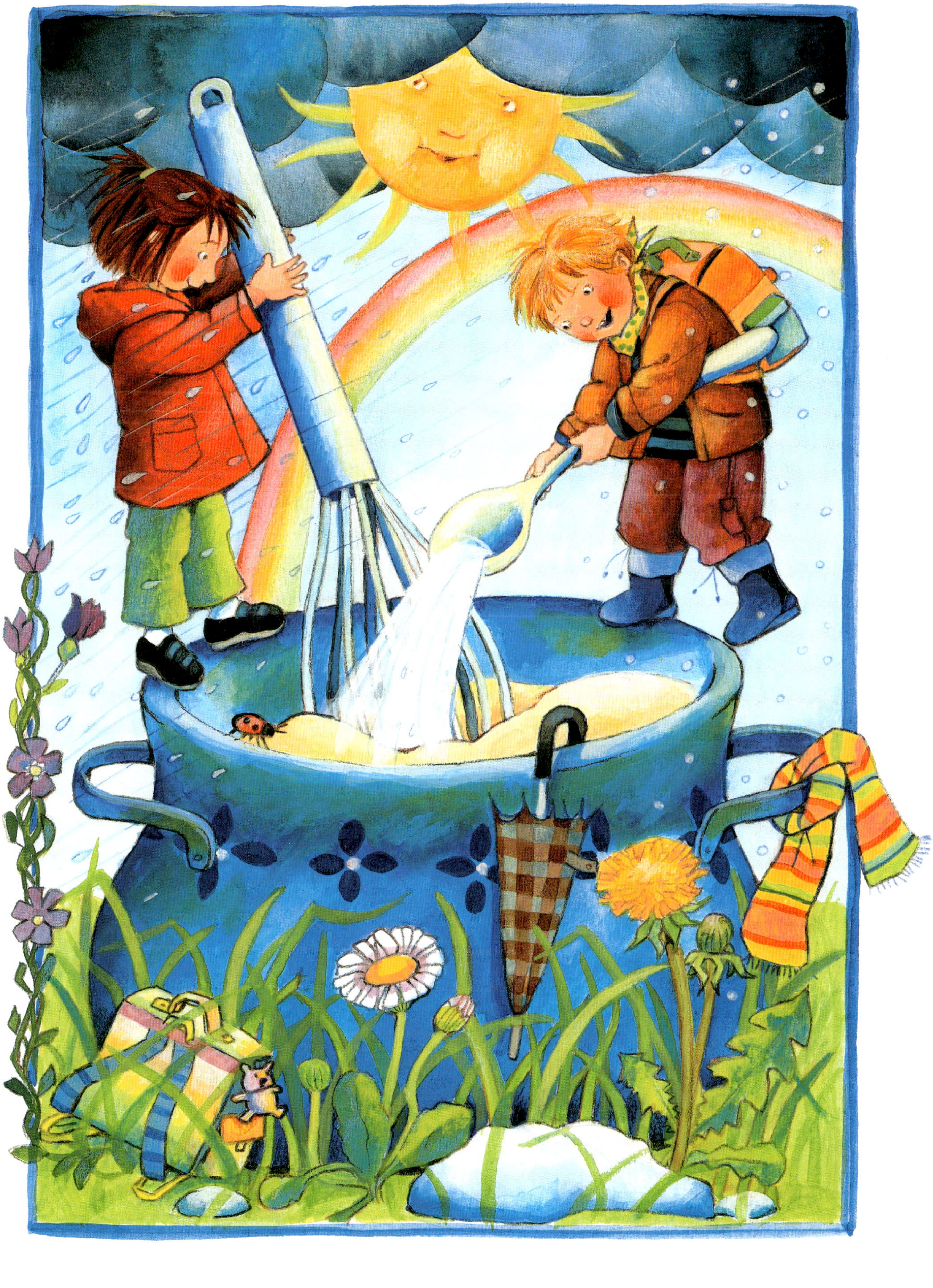

Möhren-Löwenzahn-Salat

Für 4 Portionen:
- 500 g Möhren
- 1 Handvoll Löwenzahn + Gänseblümchenblätter
- Gänseblümchen
- 1 Esslöffel Zitronensaft
- saure Sahne
- 2 Esslöffel Nussöl
- 1/2 Esslöffel Honig
- etwas Salz

Wildkräuter pflücken. (Nicht vom Straßenrand!)

Gut abspülen, trocknen.

Blätter in Streifen schneiden.

Möhren waschen, schaben.

Fein reiben.

Mit Zitronensaft beträufeln.

Löwenzahn dazugeben.

Soße rühren: saure Sahne, Öl, Honig, Salz.

Mit dem Salat vermischen.

Schmeckt wie der Frühling!

Wildkräuter wie Löwenzahn, Gänseblümchen, Sauerampfer schmecken in Salat und Quark.

Rezept und Illustrationen: Dorothea Desmarowitz

Frühlingsboten

Die ersten Blumen im Jahr sind etwas ganz Besonderes.
Sie zeigen uns, dass der Frühling beginnt!
Doch das Wetter ist noch launisch. Nach warmen Tagen fällt wieder Schnee.
Aber das macht diesen Pflänzchen nichts.
Mutig strecken sie ihre Blütenköpfe aus der Schneedecke heraus.
Kennst du die Namen der Frühlingsboten?

Ich blühe lila, gelb oder weiß. Weil ich meine Blüten oft schon durch den Schnee strecke, heiße ich auch Schneegucker.

Zuerst tragen meine Äste weiche Kätzchen, dann gelbe Blüten. Ihr Duft lockt die ersten Bienen und Hummeln an.

Meine Blüten hängen wie Glöckchen am Stängel. Meine Wurzel ist eine Zwiebel. Sie speichert Nährstoffe vom Sommer. So kann ich schon früh im Jahr Blüten tragen.

Text und Fotos: Katrin und Frank Hecker

Das fremde Ei

Ein Gedicht von Barbara Peters
mit einem Bild von Lola Renn

An einem Frühlingsmorgen weckte
ein Sonnenstrahl die Maus. Sie streckte
genüsslich Schwanz und Pfoten.

Im Garten roch es nach Narzissen
und nach den bunten Krokuskissen.
Neugierig war die Kleine.

Am Fuß des Apfelbaums entdeckte
die Maus was Fremdes, das da steckte.
Erstaunt hat sie's betrachtet.

Es war sehr bunt
und beinah rund ...
Was ist das nur gewesen?

Die Amsel kam herbeigeflogen.
„Ich kenn das Ding da, ungelogen!
Das ist ein Ei zum Brüten!"

Die Amsel setzte sich geschwinde
auf dieses Ei und sprach: „Ich finde,
wir müssen es behüten."

Nun plusterte sie ihr Gefieder,
sank warm rings um das Ei hernieder.
Was, glaubst du, ist geschehen?

Im Federberg das Ei, es schwitzte.
Die Maus die kleinen Ohren spitzte –
doch noch war nichts zu hören.

Das Ei – du hast es längst erraten –
aus Schokolade lag im Garten,
dich Ostern zu erfreuen.

Das Ei, es ist geschmolzen, leise.
Und plötzlich, da erhob sich weise
die Amsel, um zu baden.

Zur Vogeltränke lief sie eilig
und sprach dazu: „Ich bade, weil ich
mich einfach will erfrischen!"

Doch du und ich, wir beide wissen:
Es hat die Amsel baden müssen!
Ihr Bauch war ganz voll Schokolade!
Von außen! – Nicht von innen ... Schade!

Mai

Im grünen Wald

Ein Lied von Ulriche Maske (nach Motiven aus England)
mit einem Bild von Magdalene Hanke-Basfeld

Im grü-nen Wald – im grü-nen Wald, da steht ein Baum – da steht ein Baum. Der ist so wun-der-schön – der ist so wun-der-schön. So wie ich's noch nie ge-sehn – so wie ich's noch nie ge-sehn. Da steht der Baum so schön wohl in dem Wie-sen-grund, und das Gras ist grün und das Gras ist grün und das Gras ist ja so grün.

Und auf dem Baum – und auf dem Baum,
da wächst ein Ast – da wächst ein Ast.
Der ist so wunderschön – der ist so wunderschön.
So wie ich's noch nie gesehn – so wie ich's noch nie gesehn.
Der Ast wächst auf dem Baum.
Da steht der Baum so schön
wohl in dem Wiesengrund,
und das Gras ist grün und das Gras ist grün
und das Gras ist ja so grün.

Und an dem Ast ...
da wächst ein Zweig ...
Der ist so wunderschön ...
So wie ich's noch nie gesehn ...
Der Zweig wächst an dem Ast,
der Ast wächst auf dem Baum.
Da steht der Baum so schön ...

Und auf dem Zweig ...
da ist ein Nest ...
Das ist so wunderschön ...
So wie ich's noch nie gesehn ...
Das Nest ist auf dem Zweig,
der Zweig wächst an dem Ast,
der Ast wächst auf dem Baum.
Da steht der Baum so schön ...

Und in dem Nest ...
da liegt ein Ei ...
Das ist so wunderschön ...
So wie ich's noch nie gesehn ...
Das Ei liegt in dem Nest,
das Nest ist auf dem Zweig,
der Zweig wächst an dem Ast,
der Ast wächst auf dem Baum.
Da steht der Baum so schön ...

Ein Vogel schlüpft ...
jetzt aus dem Ei ...
Der ist so wunderschön ...
So wie ich's noch nie gesehn ...
Der Vogel aus dem Ei,
das Ei liegt in dem Nest,
das Nest ist auf dem Zweig,
der Zweig wächst an dem Ast,
der Ast wächst auf dem Baum.
Da steht der Baum so schön ...

Herr Flupp und seine 7 Enten

Eine Geschichte von Günter Spang
mit Bildern von Ulla Häusler

Herr Flupp ist lang und mager. Er lebt ganz allein; er hat keine Frau und keine Kinder. Wochentags arbeitet er in einem großen Büro als Buchhalter. Vom frühen Morgen bis zum späten Nachmittag schreibt er Zahlen aufs Papier.
Sonntags aber wandert er mit dem Rucksack auf dem Rücken zu dem kleinen See, der vor der Stadt liegt. Und jedes Mal nimmt er eine Tüte voll Brotkrumen mit. Damit füttert er die Fische.
Eines Sonntags entdeckt Herr Flupp im Schilf ein Nest. Darin liegen sieben Eier.

Herr Flupp weiß nicht, was für Eier es sind. Weil er es aber wissen will, versteckt er sich in der Nähe und wartet auf den Vogel, dem das Nest gehört. Doch nichts rührt sich. Nur einmal fliegt ein Fischreiher über den See. Und einmal schleicht ein Fuchs durch das Gras.
Bis zum späten Abend sitzt Herr Flupp so da und wartet. Da begreift er schließlich, dass das Nest verlassen ist.

„Vielleicht hat es einem Rebhuhn gehört?", denkt er sich. „Und der Fuchs ist gekommen und hat das Rebhuhn gefressen?" Also nimmt Herr Flupp die Eier vorsichtig aus dem Nest heraus. Er legt sie in seinen Hut und trägt sie nach Hause.
Am nächsten Tag nach der Arbeit leiht er sich einen Brutapparat. Das ist ein kleiner elektrischer Ofen, in dem es so warm ist wie im Nest bei der Vogelmutter. Herr Flupp schiebt die Eier hinein,

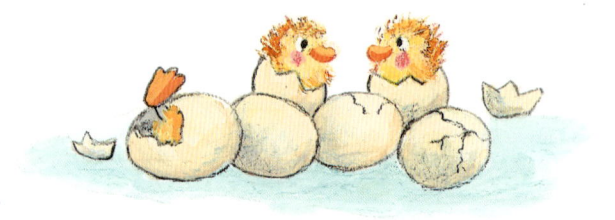

und vier Wochen später schlüpfen sieben kleine Enten aus. Da freut sich Herr Flupp. Er nimmt jedes von den Entchen auf die Hand und streichelt es.
Weil er aber so nett zu ihnen ist, halten die Entchen Herrn Flupp für ihre Entenmutter. Immer wollen sie in seiner Nähe sein. Da lässt sich Herr Flupp im Büro Urlaub geben und bleibt daheim.
Wenn die Entchen Hunger haben, legt er sich vor ihnen auf den Bauch, streut Haferflocken und klein gemahlene Weizenkörner auf den Boden und schiebt sie ihnen mit dem Zeigefinger vor den Schnabel. Er zeigt ihnen, wie sie fressen müssen. Wie man Milch und Wasser trinkt. Wie man die Augen auf- und zumacht. Wie man die Flügel hebt. Wie man mit dem Hinterteil wackelt.

Und geht Herr Flupp zum Einkaufen, nimmt er die Entchen immer mit. Er setzt seinen großen, breitrandigen Gartenhut auf, und auf den Rand setzt er die sieben Entchen. Dort haben sie Platz genug zum Spazierengehen.
Weil der Hutrand hochgebogen ist, kann auch keines herunterfallen.
Natürlich wollen die Entchen auch bei Herrn Flupp schlafen. Kaum hat er sich abends hingelegt, schlüpfen sie eilig zu ihm unter das Federbett. Dort ist es mollig warm, dort fühlen sie sich wohl. Die Entchen fühlen sich bei Herrn Flupp so wohl wie bei einer richtigen Entenmutter.
Bevor Herr Flupp das Licht ausmacht, zeigt er ihnen, wie sie zum Schlafen den Kopf unter die Flügel stecken müssen.

Jeden Tag werden die sieben Entchen größer. Wenn Herr Flupp nun zum Einkaufen geht, watscheln sie immer im Gänsemarsch hinter ihm her. Nachmittags tummeln sie sich im Garten. Dann hält Herr Flupp Wache. Kommt eine Katze und will eines von den Entchen fressen, droht er ihr mit dem Stock. Und kommt ein Hund, schimpft er ihn aus. Auf diese Weise jagt Herr Flupp alle in die Flucht. Leider aber fehlt den Entchen im Garten das Wasser. Herr Flupp marschiert deshalb nun jeden Tag mit ihnen zum See. Erst zeigt er ihnen am Ufer, wie man mit den Beinen paddelt. Dann zieht er seine Badehose an und lockt die Entchen ins Wasser. Er schwimmt in den See hinaus, und die Entchen schwimmen hinterher. Herr Flupp führt ihnen vor, wie man den Kopf ins Wasser taucht. Wie man das Hinterteil in die Höhe streckt. Die Entchen sind brav und machen es ihm fleißig nach.

So werden sie jeden Tag klüger. Bald wollen sie auch nicht mehr nur Haferflocken und Körner fressen. Herr Flupp gibt ihnen deshalb Unterricht in Ernährung. Er zeigt ihnen auf einer großen Schulkarte, was sie fressen dürfen und was sie nicht fressen dürfen. So fressen die Entchen von nun an tüchtig Würmer, Krebse, kleine Fische, Gras und Wasserpflanzen. Da sind es eines Tages keine Entchen mehr, sondern Enten. Alle sieben können schon richtig „quack" und „quäck" sagen, „weck-weck" und „wack-wack", „rätsch" und „räb-räb". Wie die anderen erwachsenen Enten.

Die Enten schlafen jetzt auch nicht mehr bei Herrn Flupp unter dem dicken Federbett, sondern draußen am See. Auch Herr Flupp schläft jetzt dort. In einem Zelt. Denn er hat Angst, es könnte seinen Enten etwas zustoßen, wenn er nicht auf sie aufpasst.
Eines Tages führt er sie deshalb auch in den Zoo und zeigt ihnen ihre Feinde. Die kann man dort alle sehen: Den Fischotter. Den Fuchs und den Iltis. Den Habicht und den Seeadler. Damit die Enten aber fliehen können, wenn ein Feind sich nähert, will Herr Flupp ihnen auch das Fliegen beibringen. Das ist ein bisschen schwierig,

denn er selber kann ja nicht fliegen.
Er kann nur mit den Armen zeigen, wie die Enten die Flügel bewegen sollen. Aber die Enten begreifen nicht, was er damit meint. Da runzelt Herr Flupp sorgenvoll die Stirn. Gut, dann zeigt er es ihnen eben noch einmal!
Doch Herr Flupp ist dabei ein bisschen zu eifrig. Bumms, fällt er in den See!
Die Enten erschrecken dadurch so sehr, dass sie sich ängstlich in die Lüfte heben und das Weite suchen. Jetzt können sie fliegen!
Da reibt sich Herr Flupp, obwohl er vom Hut bis zu den Schuhen pitschepatschenass ist, stolz die Hände und freut sich. Jetzt nämlich hat er den Enten alles beigebracht, was sie für das Leben wissen müssen. Jetzt brauchen sie keine Entenmutter mehr!
Und weil die Enten ihn jetzt nicht mehr brauchen, geht Herr Flupp von nun an wochentags wieder in das große Büro, in dem er angestellt ist, und schreibt wieder vom frühen Morgen bis zum späten Nachmittag Zahlen aufs Papier. Nur hebt er jetzt während der Arbeit manchmal den Kopf und schaut zum Fenster hin. Dann denkt er an die sieben Enten. Er freut sich auf den Sonntag, an dem er sie am kleinen See besuchen wird.

Tierkinder im Frühling

Der Mai ist der Wonnemonat für alle Tiere in freier Natur.
Die Luft ist warm, das Gras sprießt, die Bäume tragen wieder Blätter
und die Blumen blühen. Schmetterlinge, Bienen, Fliegen und Mücken
sausen durch die Luft. Jetzt ist der Tisch für die Tiere in freier Natur
reich gedeckt. Darum bringen die meisten ihre Kinder im Mai zur Welt.

Die **Wildkatze** bringt ihr Kind in einem Versteck im Wald zur Welt. Mit vier Wochen kommt das Kleine schon auf Jagdausflüge mit und lernt, Mäuse zu fangen. Mit vier Monaten sind junge Wildkatzen selbstständig und verlassen ihre Mutter.

Schon kurz nach der Geburt folgen **Hirschkinder** ihrer Mutter. Von ihr lernen sie, welche Gräser, Kräuter und Rinde sie fressen können. Mit zwei Jahren sind sie erwachsen.

Wildschweinkinder heißen Frischlinge und sind gestreift. Ein Frischling hat oft mehr als zehn Geschwister. Da gibt es häufig Streit. Doch bei Gefahr halten Wildschweine fest zusammen!

Kleine **Störche** können noch nicht fliegen. Sie bleiben die ersten zwei Monate im Nest. Die Eltern fliegen zwischen Wiesen und Nest hin und her, um die Jungen mit Regenwürmern, Insekten, Fischen, Fröschen und Mäusen zu füttern.

Kaum sind die **Entchen** aus dem Ei geschlüpft, verlassen sie das Nest. Am liebsten gehen sie schwimmen. Dabei fressen sie Pflanzenreste und Insekten. Die Geschwister bleiben immer beieinander. Auch die Mutter ist nicht weit.

Die Küken der **Schwäne** sind grau. Erst nach zwei Jahren wird aus einem „hässlichen grauen Entlein" ein stolzer weißer Schwan.

Wer ist denn da?

Sechs verschiedene Tiere sind hier. Immer zwei Bilder gehören zusammen.
Findest du alle Bildpaare? Und erkennst du die Tiere?

Illustration: Alexandra Dannenmann

Alle meine Entchen

Du brauchst:
- ausgeblasene Eier
- etwas Tonkarton
- Federn
- Kerze, Streichhölzer, Farben, Klebstoff, Schere, Bleistift

1 Du zündest eine Kerze an und lässt etwas Wachs in ein Ei tropfen, aber nur auf eine Seite. Die Öffnungen im Ei verklebst du mit Wachs.

2 Lass das Ei zur Probe in einer Schüssel mit Wasser schwimmen. Nun kannst du die Stelle für den Kopf markieren.

3 Male die Eier an. Aus Tonkarton schneidest du einen Entenkopf aus und klebst ihn fest. Zum Schluss noch einen Schnabel und Federn ankleben.

Juni

Ein Tag im Juni

Pieter Kunstreich

Junitage – hell und trocken,
Vogelsang und Blumenduft,
Sonnenschein und Wärme locken
jeden an die frische Luft ...

Schwalbe dort und Amsel hier,
Biene, Hummel – und ein Mäuschen,
Meisen, Frosch und Krabbeltier,
alle sind heut aus dem Häuschen!

Wer heut nicht nach draußen mag,
muss es selber wissen.
Vielleicht ist es dieser Tag,
den wir irgendwann vermissen …

Ein grüner Gast

Eine Geschichte von Eva Rechlin
mit Bildern von Irene Mohr

Ein junger Laubfrosch verirrte sich in einen Garten, der ein schönes Landhaus umgab, und prompt wurde der Frosch von einem Kind eingefangen. Das Kind war selig, ein so drolliges, kleines Tier zu besitzen, und es wünschte, dass der Frosch glücklich bei ihm sein sollte. „Sicher möchte er eine eigene Behausung haben!", dachte das Kind und setzte seinen Gast in eine Schachtel, die es vorher sorgsam mit weißer Watte polsterte. Es bemerkte nicht, wie entsetzt der Frosch die Augen verdrehte, als er in dieses Gefängnis plumpste. „Ach, du grüne Binse!", dachte der Frosch. „Das ist ja noch ekelhafter als Schnee; noch kitzliger als Pusteblumen – man will mich wohl ersticken?" Und er legte sich hin, als wäre er gestorben, damit man ihn nur rasch wieder hinaus in den Garten würfe.
Da dachte das Kind, es sei dem Frosch vielleicht zu warm, er brauche eine Erfrischung. Und es ließ die Badewanne voll Wasser laufen, setzte den Frosch hinein und war ganz sicher, dass er nun überglücklich sein müsse.
Der Frosch schwamm um sein Leben. Zwar war das Wasser so klar, wie er es noch nie gesehen hatte, aber es schmeckte weder nach Algen noch nach Morast, nicht nach Pflanzen und nicht nach Fischen; es war Wasser für Menschen, aber nicht für Frösche – und außerdem: Wie lange sollte er denn noch schwimmen? Immerhin war er kein Fisch! Er wollte ans Ufer, aber in der Badewanne gab es kein Ufer. Um ein Haar wäre der Frosch ertrunken!

In letzter Sekunde fiel es dem Kind ein, ihm einen Badeschwamm zuzuwerfen! Es war ein rosa Badeschwamm, und das Kind meinte, der Frosch könnte damit spielen.

„Besser dieses schwankende, stinkende, giftfarbene Moos", dachte der zu Tode erschöpfte Frosch, „als nichts unter den Pfoten!" Mit letzter Kraft kletterte er auf den Schwamm, dessen Farben seinen goldenen Glotzäuglein wehtat.

Der Seifenduft, der von dem Schwamm aufstieg, war für einen Frosch tatsächlich ein elender Gestank. Und diese ganze entsetzliche Rettungsinsel schwankte bei jeder Bewegung so, dass der Frosch nicht mehr aus der Angst kam. Damit nur ja nichts geschähe, blieb er regungslos.

Das Kind fing an, sich zu ärgern, weil der Frosch sich nicht rührte. Das war ein langweiliger Spielgefährte, undankbar obendrein; denn hatte es sich nicht alle Mühe gegeben, ihn glücklich zu machen?

„Bäh!", sagte es schließlich. „Was soll ich mit ihm? Ich mag ihn nicht mehr, er ist dumm und faul. Weg mit ihm!" Und es ließ den Frosch durch das Fenster wieder hinaus in den Garten hüpfen.

„Puh!", dachte der Frosch. „Diese Menschen sind die schlimmsten Tiere, die ich kenne: dumm und voller Tatendrang. Nichts wie weg!"

Und er sprang mit einem gewaltigen Satz davon.

Wer gehört zu wem?

Nicht alle Tiere wachsen bei ihren Eltern auf. Die meisten kennen Mutter und Vater gar nicht. Kaum aus dem Ei geschlüpft, sind sie auf sich gestellt. Wirklich helfen könnten die Eltern ihnen sowieso nicht. Denn diese Tierkinder leben ganz anders als die Erwachsenen. Weißt du, was aus welchem Tierkind wird?

Die **Raupe** frisst und frisst. Ganze Büsche frisst sie manchmal kahl. Dann spinnt sie sich einen Schlafsack und ruht darin Wochen lang. Schließlich platzt die Hülle und – errätst du, wer herausschlüpft?

Die **Kaulquappe** schlüpft im Teich aus einem Ei. Mit ihrem Schwanz schwimmt sie wie ein Fisch. Doch ihr wachsen auch Beinchen. Der Schwanz wird immer kleiner, schließlich ist er weg – und wer hüpft jetzt an Land?

Der **Engerling** lebt in der Erde. Vier Jahre lang gräbt er und gräbt und frisst Wurzeln. Ist er rund gefressen, ruht er einen ganzen Winter. Im Frühling gräbt er sich nach oben und kann fliegen! Wie heißt er jetzt?

Die **Larve** krabbelt am Grund des Teichs umher und frisst, was vorbeikommt und nicht zu groß ist. Im Sommer kriecht sie an einem Schilfstängel empor, ihr Rücken platzt auf – und was kommt heraus?

Fotos und Text: Frank und Katrin Hecker

Schmetterling

Libelle

Maikäfer

Laubfrosch

Spaß im Grünen

Viele Kinder und Tiere tummeln sich am See. Da gibt es einen Biber, einen Reiher, einen Fisch, eine Ringelnatter, große und kleine Schwäne. Was kannst du noch entdecken?

Illustration: Zora

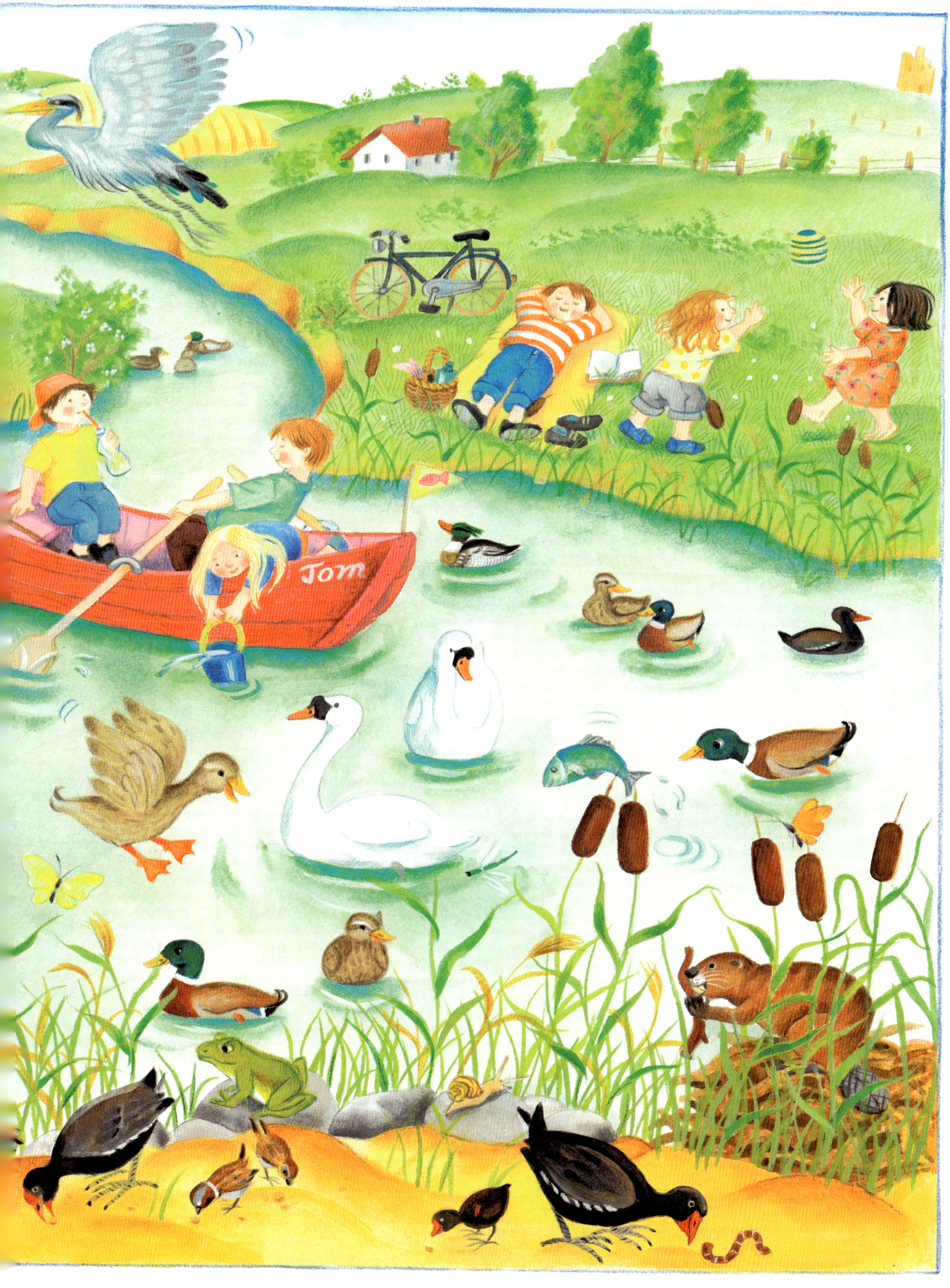
Tom

Juli

Wenn es Sommer wird im Land

Ein Lied von Ulrich Maske (Text)
und Henning Kasten
mit einem Bild von Ulrike Baier

Wenn es Sommer wird im Land,
ist es taghelle Nacht.
Und die Wiesen saftig grün
und ein Wasserfall lacht.
Sommer ist so hell und warm,
ist ein bisschen Paradies.
Ich nehm Blumen in den Arm.
Deine Kirschen schmecken süß.

Melodie und erste Strophe Seite 112.

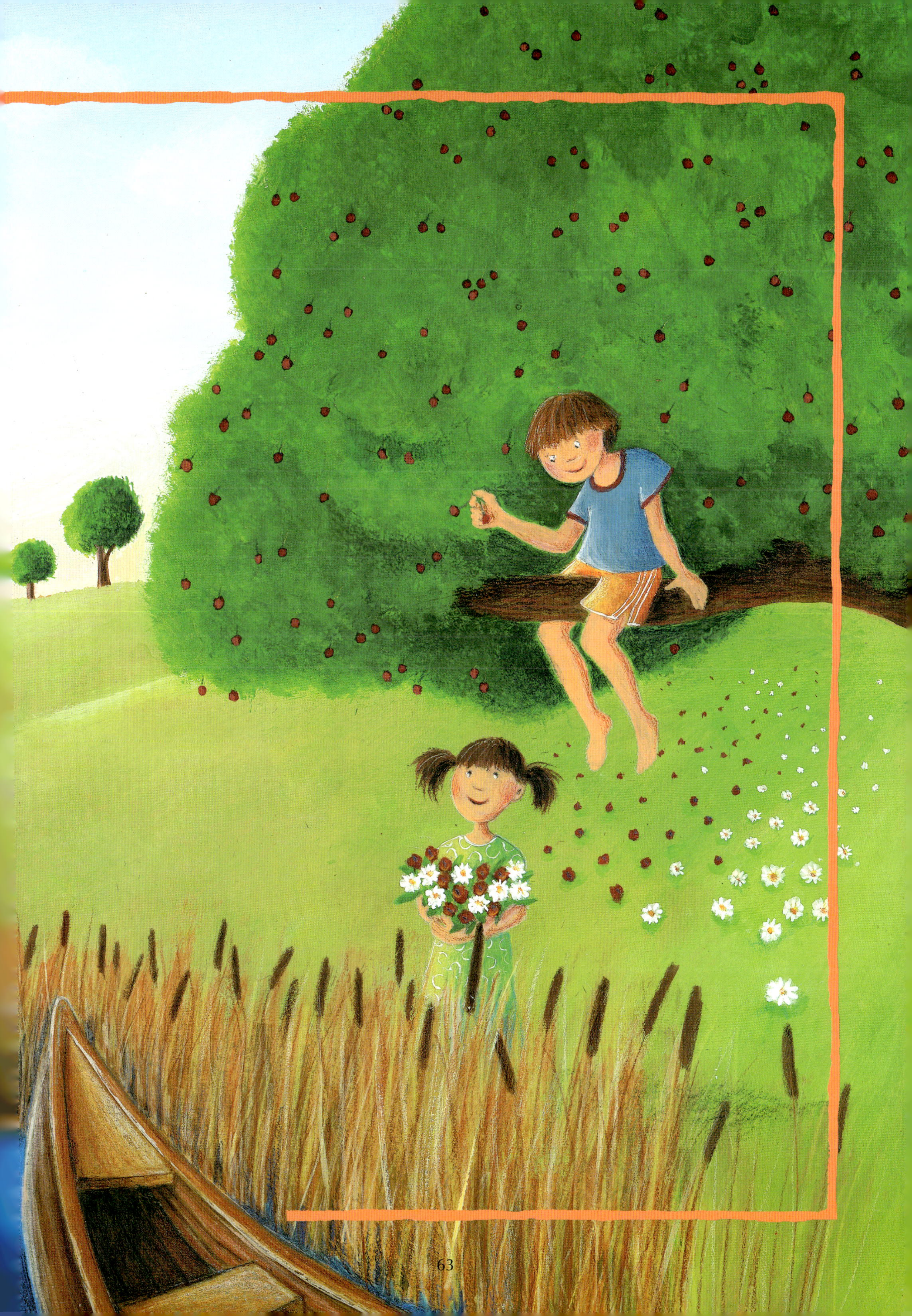

Der größte Schatz

Eine Geschichte von Sabine Streufert
mit Bildern von
Mechthild Weiling-Bäcker

Am liebsten wäre Lisa in den Sommerferien wieder in den Süden geflogen – so wie jedes Jahr. Doch ihre Eltern wollten dieses Mal unbedingt an die Nordsee. Wegen der Ruhe.
Und wie ruhig das hier ist! Lisa findet die kleine Pension direkt hinter dem Deich langweilig. Auch am Strand ist nicht viel los.
Lisa sitzt in einem Strandkorb und bohrt mit dem Schaufelstiel kleine Löcher in den Sand. Ihre Eltern stehen am Wasser und beobachten mit einem Fernglas die vorbeifahrenden Schiffe.

„Hallo!", ruft plötzlich eine fröhliche Stimme hinter ihr. „Hast du Langeweile?"
Lisa schaut sich um. Neben dem Strandkorb steht ein blonder Junge in einer blauen Badehose und grinst sie an. Er ist ungefähr so alt wie sie, hat freche Sommersprossen und eine Brille auf der Nase.
„Ja! Ist doch blöd am Strand", mault Lisa und wirft missmutig einen kleinen Stein in die Nordsee.
„Finde ich gar nicht", erklärt der Junge. „Ich bin gerade auf Schatzsuche. Mein Vater hat gesagt, dass hier am Strand früher mal Piraten ihre Schätze versteckt haben. Machst du mit? Zu zweit ist es viel lustiger."
Lisa überlegt. Der Junge sieht nett aus und „Schatzsuche" hört sich interessant an. Warum also nicht? Besser als hier weiter herumzusitzen.
„Ich heiße Phillip!", sagt der Junge.
„Und ich bin Lisa. Wo fangen wir an?"
„Dort!" Phillip deutet auf eine freie Fläche zwischen den Körben.
Sie gehen ein kleines Stück am Strand entlang und beginnen zu suchen.
Dann graben sie ein Loch.
„Nichts drin", sagt Lisa, als es so tief ist, dass Wasser hineinströmt. „Schade."
„Dann suchen wir eben woanders."
Phillip nimmt seine Schaufel und beginnt sofort, ein neues Loch zu graben.
Lisa tut es ihm gleich.

Plötzlich ruft Phillip ganz aufgeregt: „Schnell, Lisa, komm, ich hab was gefunden."
Lisa lässt ihre Schaufel fallen und rennt dorthin, wo Phillip gerade gebuddelt hat. Dann sieht sie es auch: Etwas Silbernes blitzt unten im Loch. Phillip gräbt vorsichtig mit den Händen weiter, um den Schatz nicht zu beschädigen. Als er ihn herausholt, staunt Lisa: „Toll, ein Silberstein! Der ist ja schön."
„Sieh mal, der funkelt richtig, wenn ich ihn in die Sonne halte. Als ob da echtes Silber drin wäre." Phillip ist begeistert. Er strahlt Lisa an. „Das ist doch ein prima Anfang. Komm, lass uns weitersuchen!"
Als der Nachmittag zu Ende geht, zeigen die beiden Lisas Eltern ihre Schätze: fünf schöne große Muscheln, drei schwarzweiße Möwenfedern, eine leere Krebsschale, ein altes Sandkastenförmchen und drei wunderschöne Silbersteine.
„Erstaunlich, was man am Strand alles finden kann", meint Lisas Vater kopfschüttelnd. „Aber nach einem echten Piratenschatz sieht es nicht aus."
„Bei einer Schatzsuche muss man eben viel Geduld haben", sagt Lisas Mutter.
„Dann können wir morgen ja weitersuchen", meint Phillip eifrig. „Kommst du wieder?"
„Na klar!", ruft Lisa begeistert.
Der Nachmittag mit Phillip war richtig spannend und die Langeweile hatte sie ganz schnell vergessen. Da macht es auch nichts, wenn sie morgen nur Löcher in den Sand graben, den größten „Schatz" hat Lisa heute schon gefunden – einen neuen Freund.

Schätze am Strand

Am Strand kann man toll buddeln und baden – und Schätze finden.
Denn es gibt hier viele Tiere, die geheimnisvolle Spuren hinterlassen.
Von welchen Tieren stammen diese Spuren?

1 Was ist das?
Ein Stern mit fünf Zacken?

2 Kaum zu sehen: Eier im Sand. Wer hat sie gelegt?

3 Was machen die seltsamen Bälle hier?

4 Ein Glibberpudding? Nicht anfassen, brennt vielleicht wie eine Brennnessel.

5 Woher kommt dieses Mini-Surfbrett?

Fotos und Text: Frank und Katrin Hecker

Wellhornschnecke
Tief im Wasser legt die Wellhornschnecke Eiballen ab. 1000 Eier kann ein Eiballen enthalten! Findest du einen am Strand, sind die Jungschnecken längst geschlüpft.

Tintenfisch
Oft liegen Schulpe am Strand. Das sind Skelette von Tintenfischen. Vielleicht kennst du sie aus der Zoohandlung – als Kalkfutter für Kanarienvögel.

Austernfischer
Laut krakeelt der Austernfischer im Frack am Strand herum. Warum bloß? Er warnt uns: „Tretet nicht auf meine Eier!" Sie liegen gut getarnt im Sand – da sind sie vor den gefräßigen Möwen geschützt.

Qualle
Wie durchsichtige Regenschirme schweben lebende Quallen im Wasser. Mit den langen Fangarmen greifen sie ihre Beute.

Seestern
An den Strand gespülte Seesterne leben nicht mehr. Solange sie leben, sind Seesterne richtige Seeräuber. Sie überfallen Muscheln am Meeresboden. Mit ihren Saugnäpfen ziehen sie die Muschelschalen auseinander und fressen sie leer.

Das Meer ist leer

Ein Gedicht von Ludwig Lehner
mit einem Bild von Lola Renn

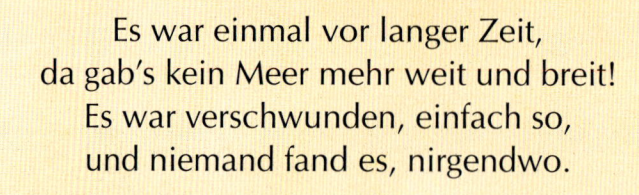

Es war einmal vor langer Zeit,
da gab's kein Meer mehr weit und breit!
Es war verschwunden, einfach so,
und niemand fand es, nirgendwo.

Das Wasser hat sich über Nacht
klammheimlich aus dem Staub gemacht.
Nur Pfützen sah man noch am Strand
und einen großen Haufen Sand.

Die Pinguine riefen laut:
„Wer hat uns denn das Meer geklaut?"
Die Fische waren schwer betroffen
und fragten: „Wer hat's ausgesoffen?"

Der kleine Seehund ahnte was:
„Das Walross dort, das ist noch nass!
Und guckt, sein Bauch ist voll und rund,
es wiegt bestimmt fünfhundert Pfund!"

Das Walross aber, dick und schwer,
das brummte nur: „Ich trank's nicht leer!
Es war der Storch, der kam geflogen
und hat den Stöpsel rausgezogen!"

„Ach Quatsch, das ist doch gar nicht wahr!",
beschwerte sich Storch Adebar.
„Ein Meer, das hat doch keinen Stöpsel,
es war der Hund, der kleine Möpsel!

Der kam des Nachts und trank und schlürfte,
er fragte gar nicht, ob er dürfte.
Jetzt muss er pinkeln ohne Ende
an Bäume, Sträucher und an Wände."

„Ich trank das Meer nicht, Ehrenwort!",
erklärte Möpsel und fuhr fort:
„Es war'n die Kühe von den Wiesen,
die brauchten es zum Blumengießen!"

Da muht 'ne Kuh: „Das ist gelogen,
das Meer ist doch nur umgezogen.
Denn Max, der Maulwurf, grub ein Loch,
in das sich dann das Meer verkroch.

„Das ist nicht wahr, das kann nicht sein",
betonte Max, „ich bin zu klein!
Das Meer ist niemals ausgelaufen
in einen meiner Maulwurfshaufen!"

Da kam gehüpft ein kleiner Floh
und sagte leise: „Das war so:
Gestern – ich hab's selbst gesehn,
da wollt die Sonne untergehn.

Und plötzlich plumpst sie von allein
mitten in das Meer hinein!
Die Wellen schwappten noch für Stunden
und schließlich war das Meer verschwunden."

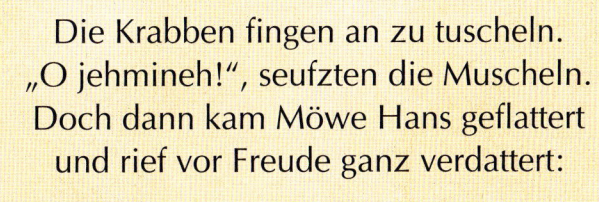

Die Krabben fingen an zu tuscheln.
„O jehmineh!", seufzten die Muscheln.
Doch dann kam Möwe Hans geflattert
und rief vor Freude ganz verdattert:

„Das Meer, das Meer, es kommt zurück,
was haben wir doch für ein Glück!
Die Wolken hatten's wohl verdeckt,
dahinter war das Meer versteckt!"

Der Seestern lachte: „O wie schön,
da werd ich gleich mal baden gehn!"
Und dann war alles wieder gut,
denn nach der Ebbe kam die Flut.

Grillspieße mit Gemüse

- 4 Holzspieße
- 2 Maiskolben
- 1 rote Paprika
- 3 Esslöffel Öl

Grillbutter:
- 125 g weiche Butter
- Salz, Pfeffer
- 1/2 Esslöffel Paprika edelsüß
- 1/2 Esslöffel Paprika rosenscharf
- 1 Bund Schnittlauch

Maiskolben 12 Minuten in Salzwasser kochen.

Abgekühlt in je 3 Scheiben schneiden.

Paprika vierteln, entkernen.

In 3 Stücke schneiden.

Mais und Paprika aufspießen. Mit Öl bepinseln.

Bei milder Glut 8 bis 10 Minuten garen.

Butter mit Salz, Pfeffer, Paprika glatt rühren.

Schnittlauch in Röllchen dazugeben.

Gekühlt auf dem Gemüsespieß schmelzen lassen.

Tipp: Gemüse nicht zu heiß grillen, weil es leicht dunkel wird und dann bitter schmeckt.

Rezept und Illustrationen: Dorothea Desmarowitz

Strandgut

Wenn du am Strand spazieren gehst, halte die Augen auf: Vielleicht findest du Seetang, der wie ein Ungeheuer aussieht. Oder Muscheln, Steine und Stöckchen, mit denen du Männchen und Labyrinthe legen kannst. Oder du baust dir zu Hause eine Traumlandschaft aus Strandgut.

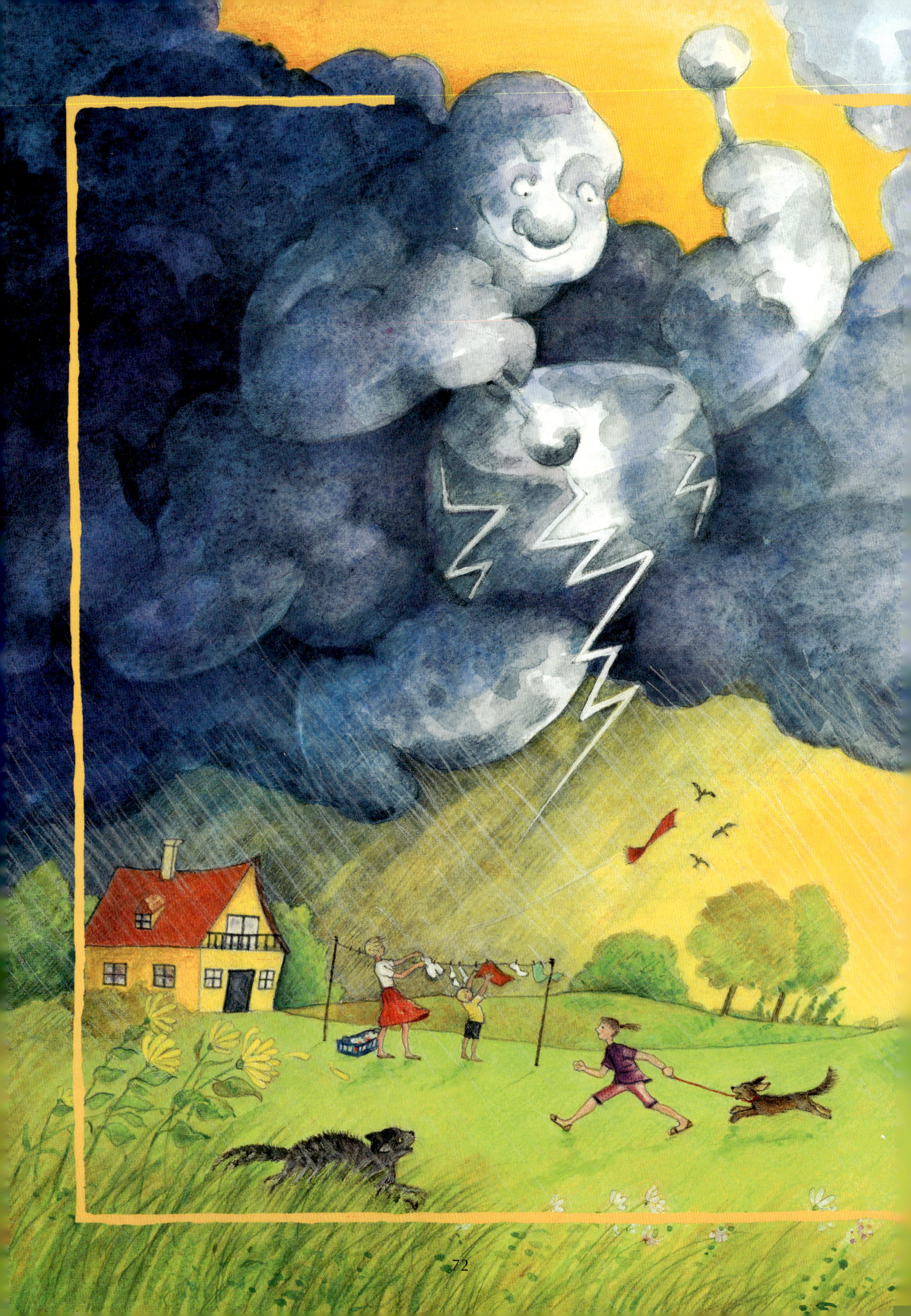

August

Der Wolkenpolterer geht um

Ein Gedicht von Sylvia Keyserling
mit einem Bild von Sigrid Gregor

Grad hab ich noch auf der Wiese getollt,
jetzt hör ich schon, wie der Donner grollt.
Der Himmel ist lila. Alles ist stumm.
Nur der Wolkenpolterer geht jetzt um.

Grad hat noch ein Wind wild herumgeweht,
jetzt spür ich, wie alles stille steht.
Da zuckt ein Blitz auf! Und bumbumbarum!
Geht der Wolkenpolterer wieder um.

Durch den prasselnden Regen schnell nach Haus,
was für ein Spaß! Es macht mir nichts aus.
Und da! Noch ein Blitz! Und bumbumbarum!
Geht der Wolkenpolterer wieder um.

Sonnenblume

Eine Geschichte von Gina Ruck-Pauquèt
mit Bildern von Antje Bohnstedt

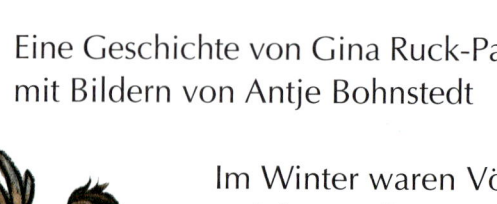

Im Winter waren Vögel auf dem Balkon gewesen, Meisen und Spatzen. Ingo hatte sie mit Sonnenblumenkernen gefüttert. Damals steckten Tannenzweige im Blumenkasten.
Jetzt war Sommer. Die Geranien setzten Knospen an. Aber es wuchs noch etwas anderes zwischen ihnen, eine kleine Pflanze mit zwei grünen Blättern.
„Das wird eine Sonnenblume", sagte die Mutter. „Ein Kern vom Vogelfutter muss hineingefallen sein." Und sie hob die Hand, um den Keimling auszurupfen.
„Nein!", schrie Ingo. Die Mutter schaute ihn an und lachte. Und von dem Augenblick an war es klar, dass die Sonnenblume Ingo gehörte.
„Wann wird sie blühen?", fragte er.
„Noch lange nicht", antwortete die Mutter. „Zuerst muss sie groß werden."
Ingo schaute jeden Tag ein paarmal nach. Die Sonnenblume schien ihm unverändert. Eine Weile vergaß er sie fast. Aber dann war sie plötzlich doch ein Stück gewachsen. Ingo gab ihr täglich Wasser. Er strich vorsichtig über die Blätter, die so rau waren wie die Zunge einer Katze.
Er stellte sich vor, wie die Sonnenblume sein würde, wenn sie erst ihr goldenes Blütengesicht entfaltete. „Wir werden uns gegenüberstehen", dachte er, „und uns anschauen." Möglicherweise würde er ihr das sagen – dass sie eigentlich ein Körnchen Vogelfutter gewesen war. Und dass eine Meise sie damals aus ihrem Schnabel fallen ließ. Es konnte natürlich auch ein Spatz gewesen sein, aber Ingo wollte, dass es eine Meise war.
Doch vorerst blühte die Sonnenblume nicht. Sie wuchs und bekam neue Blätter. Und eines Tages stellte Ingo fest, dass sie größer war als er. Überhaupt entfernte sie sich von ihm. Sie lehnte sich vor und reckte sich über die Balkonbrüstung hinaus.
Ingo war traurig und ärgerlich. „Zum Schluss wird sie umfallen", dachte er. Er suchte im Park nach einem Stöckchen und band sie an.
„Warum wird sie denn so groß?", fragte Ingo. „Wohin will sie?"
„Zur Sonne", antwortete seine Mutter.
„Das schafft sie doch nie!", meinte Ingo.
„Wer weiß das schon", sagte seine Mutter.
„Ist schon mal eine Blume bis zur Sonne gewachsen?", fragte Ingo verblüfft.
„Bis jetzt noch nicht", entgegnete seine Mutter. „Aber sie versucht es eben."

Von da an düngte Ingo die Sonnenblume mit einer grünen Flüssigkeit aus einer Flasche. Und die Sonnenblume wuchs. Am besten konnte man das jetzt von der Straße her sehen. Sie streckte sich aus dem Balkon, dann hob sie sich mit einem sanften Knick dicht an der Hauswand entlang weiter empor. Längst hatte Ingo den dicken Blumenstängel mit einer Kordel an dem Haken in der Balkonwand befestigt. „Wenn es stürmt, wird sie oben abbrechen", dachte er besorgt. Aber er wusste nicht, was er dagegen tun konnte.
„Was starrst du denn an?", fragte plötzlich neben ihm ein Junge, der sein Freund war.
„Die Sonnenblume", sagte Ingo.
Der andere lachte. „Züchtest wohl jetzt Gemüse, hm?"
Ingo spürte, dass er zornig wurde. Aber gleichzeitig war ihm die Sache auch peinlich. Er schwieg. Als er später auf dem Balkon stand, hatte er ein ungutes Gefühl. „Gemüse!", dachte er erbost, und ihm war, als habe er jemanden im Stich gelassen.
Als die Sonnenblume die Brüstung des oberen Balkons erreicht hatte, sah Ingo die Knospe. Nun würde sie also blühen. „Wenn sie blüht, wächst sie nicht mehr weiter", sagte seine Mutter.
„Sie hat die Sonne nicht erreicht", dachte Ingo. Aber sie hat es wenigstens versucht! Was ihn am meisten störte, war die Tatsache, dass seine Blume nun da oben blühen würde, ausgerechnet am Balkon des alten Mannes, der so unfreundlich war. Und er, Ingo, der die winzige Pflanze behütet hatte – was hatte er nun davon? Er beschloss, sich nicht weiter um die Angelegenheit zu kümmern.
Ab und zu schielte er natürlich trotzdem hinauf. Und dann war es seine Mutter, die ihm eines Morgens sagte, dass die Sonnenblume nun blühe.
Die Knospe war aufgebrochen. Die gelben Blütenblätter stellten sich rings um das dunkelgoldene Blumenherz. Ingo blinzelte zu ihr hoch. „Sie ist selbst eine Sonne", dachte er dann. „Eine wunderbare Sonne." Er stand lange sehr still. Es war seine Blume. Glücklich war er und stolz und auch traurig.

Am anderen Tag fing der Ärger an. Eben als Ingo hochsah, schlug der alte Mann sein schmutziges Staubtuch aus – direkt ins Gesicht der Sonnenblume.
„He!", rief Ingo.
Er rief es ziemlich zaghaft. Dann wurde ein Besen über die Brüstung gekippt.
„Mensch!", sagte Ingo laut.

Sekundenlang glaubte er das Gesicht des alten Mannes zwischen den Blumentöpfen mit Petersilie auftauchen zu sehen. Aber er konnte sich auch getäuscht haben. Die Tücher und der Besen aber wedelten täglich ihren Staub in das Gesicht der Blume.
„Der ist für mich erledigt", beschloss Ingo. „Für allezeit!"

An einem heißen Tag badete Ingo mit den anderen Kindern im Kanal, als sich vom Westen eine Wolkenwand vorschob. „Es gibt ein Gewitter", dachte Ingo. „Sturm! Meine Sonnenblume wird umknicken."
„Ich muss nach Hause", sagte er.
Die anderen lachten ihn aus. „Hast wohl Angst!"
Ingo antwortete nicht. Er lief los.
Schon hatten die Wolken die Sonne verschluckt. Blitze flammten auf, und der Donner schlug seine große Trommel. Ingo rannte, als gehe es um sein Leben. „Ich komme zu spät", dachte er, und er warf sich gegen den Sturm. „Bestimmt ist sie umgefallen." Aber als er endlich keuchend um die letzte Ecke stolperte, sah er, dass die Sonnenblume unverändert stand. Er rannte die Treppen empor und stürzte auf den Balkon. Hinter ihm warf der Sturm die Tür ins Schloss. Die Geranien wurden hin und her geschüttelt, und ein paar ihrer Blüten waren geknickt. Die Sonnenblume aber stand seltsam still. Trotzdem umfasste Ingo mit beiden Händen ihren Stängel. Dann beugte er sich über die Brüstung und schaute hinauf.

Dicht unter dem schweren Kopf seiner Blume war ein Band um den Stiel geschlungen. Und das Band verschwand zwischen den Eisenstäben des oberen Balkons. Zuerst begriff Ingo nicht. Dann aber wurde ihm klar, dass der alte Mann seine Sonnenblume festgebunden hatte. Er hatte sie festgebunden, damit der Sturm sie nicht knickte.

Ingo schämte sich. „Er ist prima", sagte er später zu seiner Mutter. „Und der Staub ist jetzt auch weg, vom Regen." Dann war das Gewitter vorüber. Nur in der Ferne brummte der Donner, wie ein müder Bär.

„Findest du nicht auch, dass sie den Kopf ein wenig hängen lässt?", fragte Ingo.
„Sie ist nun bald verblüht", sagte seine Mutter. „Mit den reifen Kernen kannst du im Winter die Vögel füttern."
Ingo schwieg. Dann fiel ihm etwas ein.
„Einen stecke ich in die Blumenerde", sagte er. „Im nächsten Frühjahr." Und er sah ganz fröhlich aus.

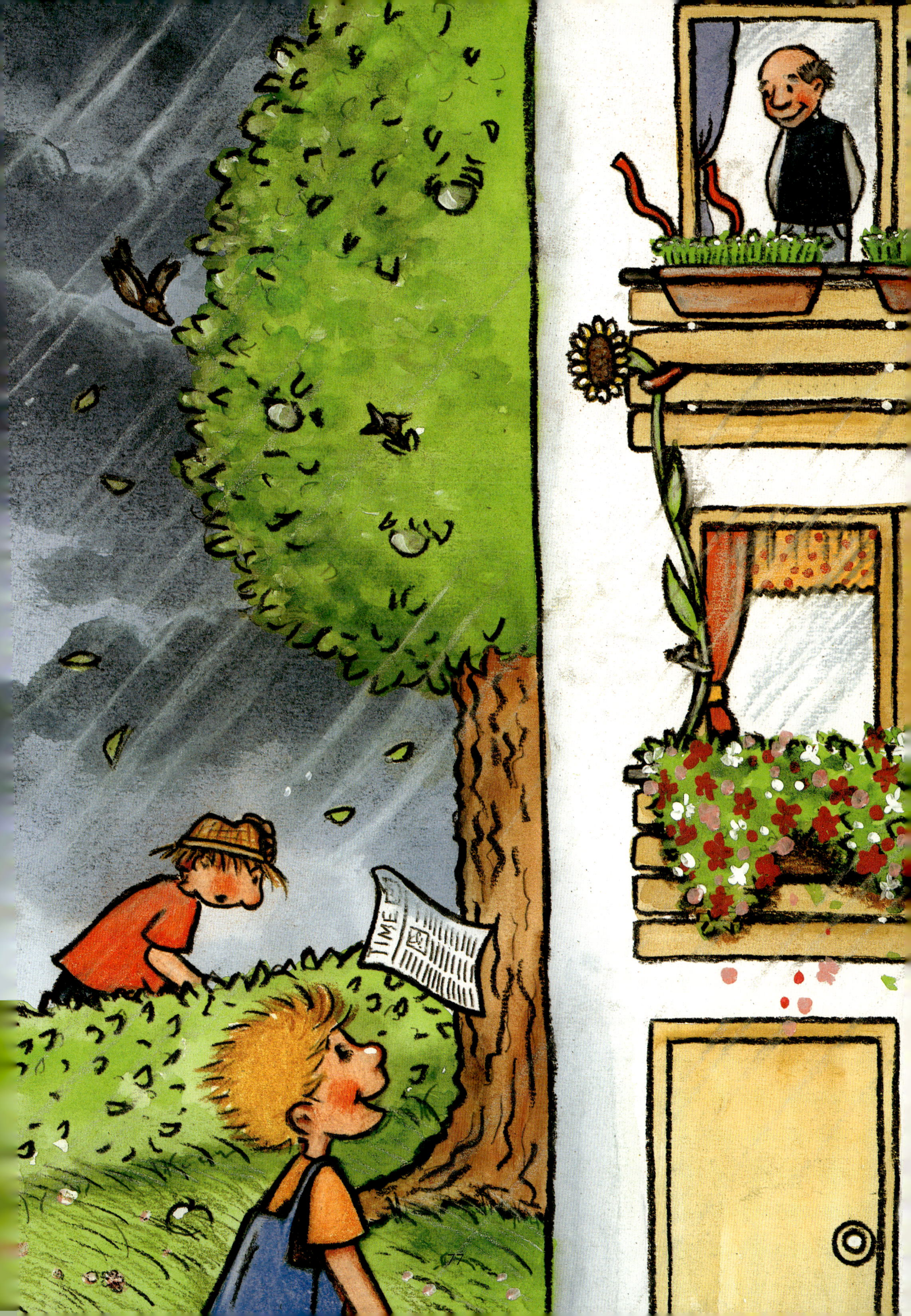
TIME

Die Grille Ciciri

Ein Lied von Ulrich Maske (nach Motiven aus Spanien)
mit einem Bild von Hariett Homm

Lebhaft

Jeder hört ihr süßes Singen. Keiner hat sie je gesehn. Ja wo steckt denn nur die Grille? Ciciri singt sie so schön. Wenn es mal genauer hin singt dort unter einer Kachel. Hör doch mal genauer hin.

regnet oder kalt ist, sitzt sie wohl in dem Kamin, singt dort unter einer Kachel. Hör doch

Jeder hört ihr süßes Singen,
keiner hat sie je gesehn.
Ja, wo steckt denn nur die Grille?
Ciciri singt sie so schön.

Schönes Wetter, singt die Grille,
klingt es aus dem grünen Baum
oder aus den Blumenkästen
oder aus dem Nachbarraum.

Jeder hört ihr süßes Singen ...

Ich versuche sie zu finden,
aber unsichtbar bleibt sie.
Und ich mag dich doch so gerne,
kleine Grille Ciciri.

Jeder hört ihr süßes Singen ...

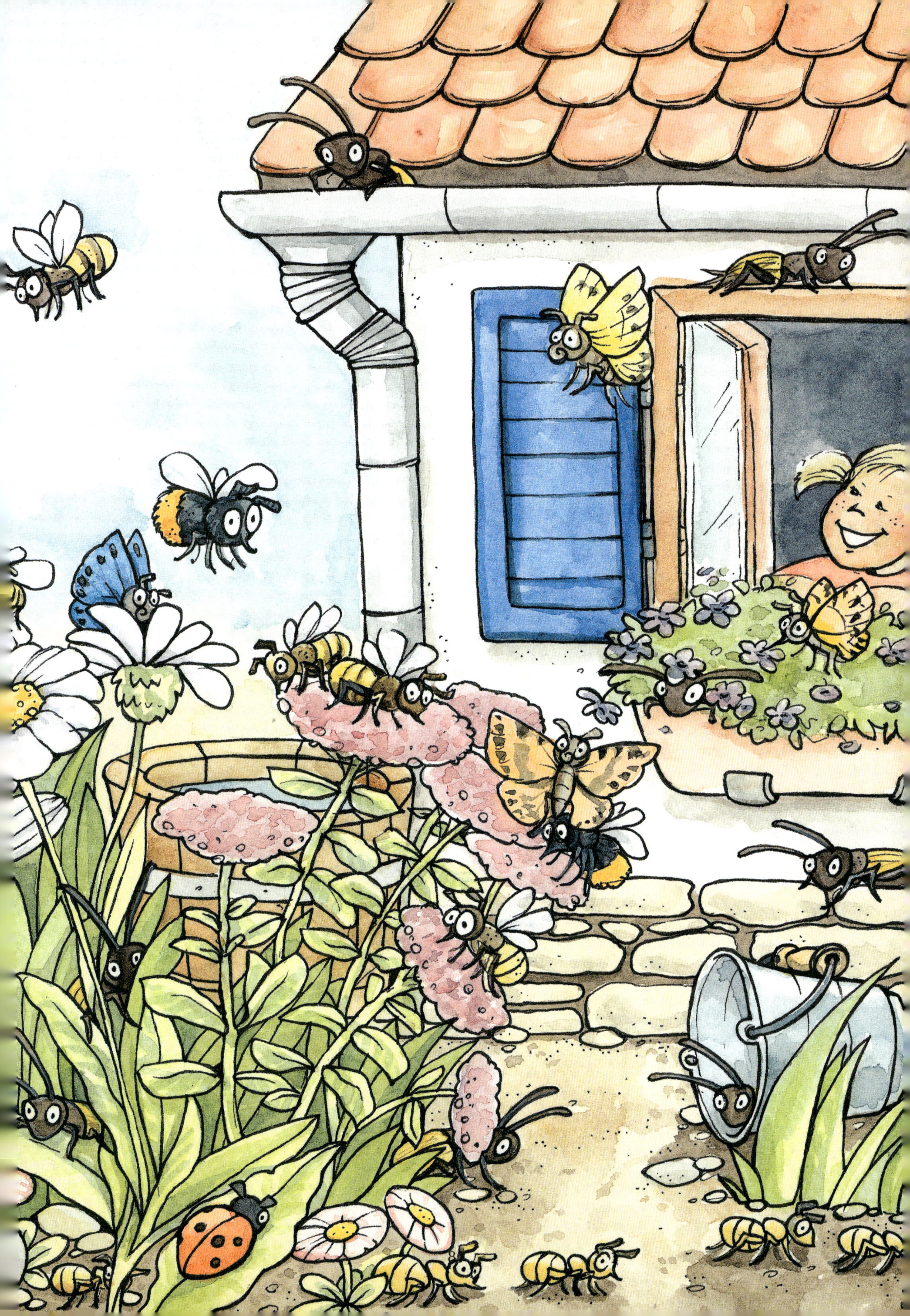

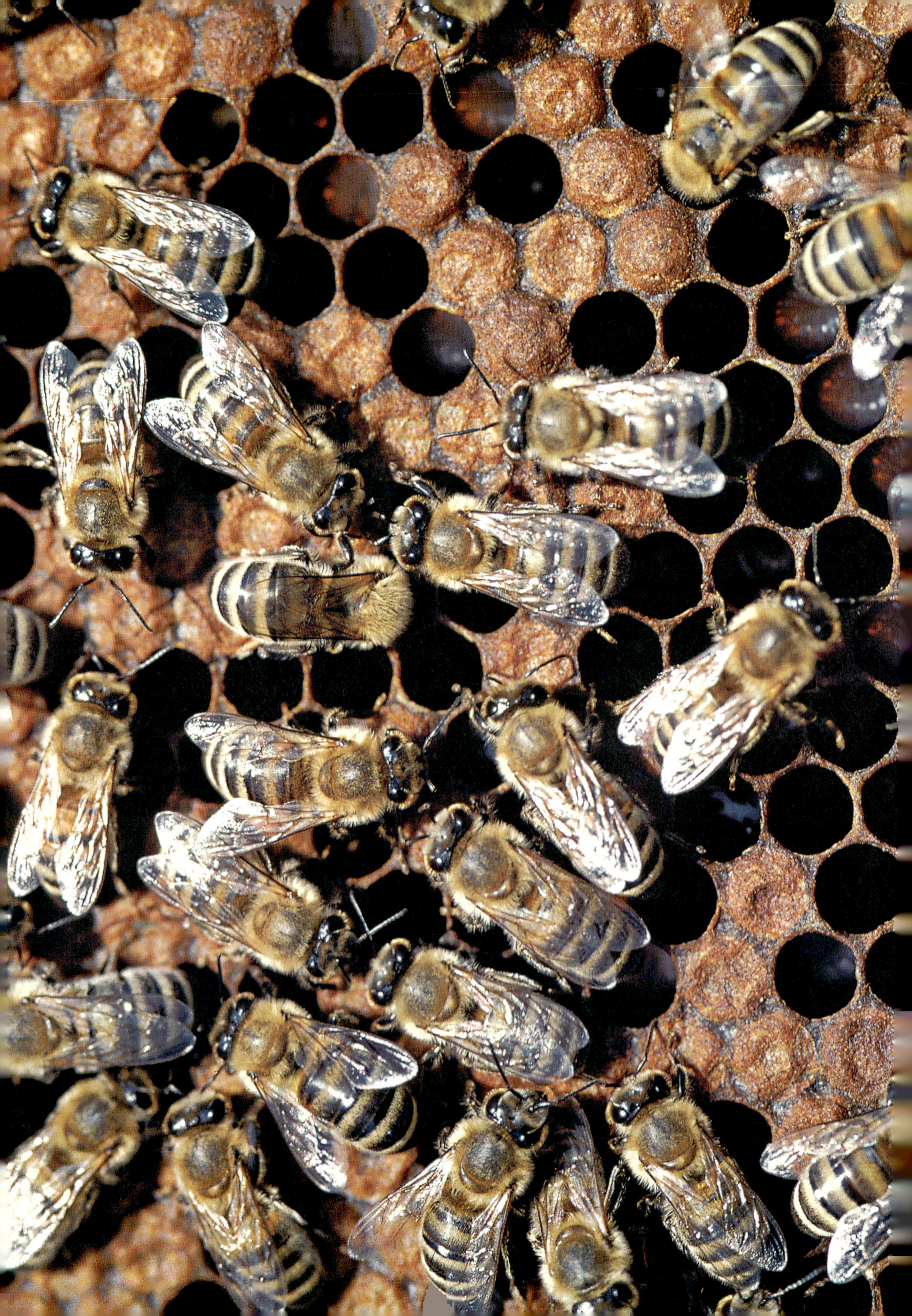

Honigbiene Liese

Marmelade wird aus Früchten gekocht. Und Honig? Zum Honigmachen braucht der Mensch viele Bienen, die so fleißig sind wie Liese.

Liese fliegt von Blüte zu Blüte. Mit dem Rüssel saugt sie süßen Nektar ein und speichert ihn in ihrem Honigmagen.

Zum Essen sammelt Liese leckeren Blütenstaub. Damit sie ihn nicht verliert, verklebt sie ihn mit Blütennektar.

Mit ihrem Blütenstaub-Höschen fliegt Liese nach Hause in den Bienenstock zu den anderen Arbeiterinnen.

Sie schichten den Blütenstaub in die Zellen der Wabe. Wenn später Bienchen schlüpfen, ernähren sie sich davon.

Den Nektar legen die Bienen in besondere Zellen und mischen ihn mit anderen Säften. Nach und nach entsteht Honig.

Der Imker prüft, ob die Waben mit Honig gefüllt sind. Damit die Bienen ihn nicht stechen, bewegt er sich ganz ruhig.

Text und Fotos: Katrin und Frank Hecker

September

Erntefest

Ein Lied von Ulrich Maske (Text)
und Henning Kasten (Musik, nach Motiven aus Skandinavien)
mit einem Bild von Waldemar Drichel

Korn ist ge-schnit-ten, die Fel-der sind leer. So voll sind al-le Scheu-nen und wir ha-ben noch viel mehr.

Seht die-sen Reich-tum, die Fül-le, die Pracht! Das ha-ben wohl das Wet-ter und die Ar-beit auch ge-macht.

Es ist al-ter Brauch, rei-che Ern-te auch für die Vo-gel-schnä-bel und für je-den Hun-ger-bauch.

Bringt in die Tenne den Herbstblumenstrauß.
Mit Bauernrosen, Dahlien schmücken wir die Feier aus.
Heut kommen alle, ob Groß oder Klein,
zu unserm Erntefest laden wir gern alle ein.
Und so bindet ganz
fest den Ährenkranz.
Ernte ist zu Ende,
und nun kommen Spiel und Tanz.

Hei, Musikanten, kommt, spielt unser Lied.
Die Kinder und die Oma und der Opa singen mit.
Jauchzt, Klarinette und Akkordeon!
Die Fiedel macht den hohen
und der Bass den tiefen Ton.
Ja, so geht es rund
mit der Polka und
mit dem Walzerdrehen.
Und dann tanzt man kunterbunt.

Das Apfelfest

Eine Geschichte von
Vera Krott-Unterweger
mit Bildern von Andreas Röckener

Auf einer Wiese wuchs ein Apfelbaum. Es war ein wunderbarer Apfelbaum. Jahr für Jahr trug er viele Äpfel, schmückte sie mit leuchtend roten Bäckchen und rieb sie mit seinen Blättern blitzblank. Dann hing ein herrlicher Duft über der Wiese.
Auf dieser Wiese gab es auch Tiere, kleine und große, dicke und dünne, schwache und starke.
Sie fraßen Gras oder Körner, Gemüsereste oder Baumrinde.
Aber im Herbst, wenn der Apfelbaum seine Früchte schmückte, schielten die Tiere hungrig in die Baumkrone hinein. Wann würden sie die Äpfel endlich kosten dürfen?

Frau Huhn trippelte im Gras hin und her.
Herr Hahn stolzierte, er mochte sich sehr.
Frau Schaf trabte um den Baum herum.
Herr Schwein trottete still und stumm.
Martha Ziege kratzte am Stamm entlang.
Leo Pony galoppierte rastlos zum Hang.
Frau Damhirsch guckte etwas gestresst.
Und Herr Damhirsch rammte sein Geweih ins Geäst.
Aber es passierte nichts! Kein einziger Apfel löste sich von seinem Ast. Der Apfelbaum behielt seine Äpfel für sich.
„Kottkottkott", beschwerte sich Frau Huhn.
„Kikirikiiiiie", zeterte Herr Hahn.
„Bääääh", stöhnte Frau Schaf.
„Chrchr", ächzte Herr Schwein.
Martha Ziege jammerte: „Määääh."
Und Leo Pony wimmerte: „Iiiieeeh."
„Booooh", klagte Frau Hirsch.
Und Herr Hirsch brüllte: „Bööööh!"

„Er gehört mir!", gackerte Frau Huhn.
„Ich lege die größten Eier!" Sie fegte über die Wiese und pickte ein Stück aus dem Apfel.
„Er gehört mir!", krähte Herr Hahn.
„Ich bin der Chef im Hühnerstall!"
Er stolzierte über die Wiese und hackte ein Stück aus dem Apfel.
„Er gehört mir!", blökte Frau Schaf.
„Ich liefere die beste Wolle!" Sie trabte über die Wiese und biss ein Stück aus dem Apfel.
„Er gehört mir!", grunzte Herr Schwein.
„Ich finde die größten Pilze!" Er trottete über die Wiese und schmatzte ein Stück aus dem Apfel.
„Er gehört mir!", meckerte Martha Ziege. „Ich gebe die feinste Milch!"
Sie sprang über die Wiese und kostete ein Stück vom Apfel.

Oh, wie gut würde jetzt allen ein Apfel schmecken! Keiner hatte Appetit auf das ewige Einerlei. Lustlos pickte Frau Huhn Körner, suchte Herr Hahn Würmer, kaute Frau Schaf Klee, zerbiss Herr Schwein Rüben, fraß Martha Ziege Blumen, rupfte Leo Pony Gras, äste Frau Hirsch Kräuter und knabberte Herr Hirsch Rinde.
Da beschloss der Apfelbaum, den ersten Apfel herzuschenken. Groß und prall war er, grün mit grellroten Backen. Plumps!
Weich und sachte landete der Apfel auf der Wiese.

„Er gehört mir!", wieherte Leo Pony.
„Ich bin das beste Reittier!" Er galoppierte über die Wiese und knabberte ein Stück aus dem Apfel.
„Er gehört mir!", schrie Frau Hirsch. „Ich mache die höchsten Sprünge!" Sie hüpfte über die Wiese und naschte vom Apfel.
„Er gehört mir!", röhrte Herr Hirsch.
„Ich bin der Größte und Mächtigste!"
Er stampfte über die Wiese und verspeiste das letzte Stück Apfel.
Alle hatten vom Apfel gegessen. Aber keiner war zufrieden.

Herr Hahn schimpfte mit Frau Huhn.

Frau Schaf schimpfte mit Herrn Hahn.

Herr Schwein schimpfte mit Frau Schaf.

Martha Ziege schimpfte mit Herrn Schwein.

Leo Pony schimpfte mit Martha Ziege.

Frau Hirsch schimpfte mit Leo Pony.

Und Herr Hirsch schimpfte mit seiner Frau. „Warum hast du mir den Apfel nicht gelassen?"

Der Apfelbaum erschrak. Er zitterte und bebte. Plop plop, plop plop, purzelte ein Apfel nach dem anderen ins Gras.
„Ooooh, schaut euch das an!", flüsterte Frau Hirsch.
Ganz still war es geworden.
Traurig hob der Apfelbaum seine Äste zum Himmel.
Die Tiere senkten die Köpfe.
Sie schämten sich.
„Weshalb streiten wir denn? Es ist doch genug für alle da", dachten sie.
Da kicherte der Apfelbaum.
Er wurde immer fröhlicher.
Er winkte mit seinen Ästen und ließ seine Blätter tanzen, als wolle er sagen:
„Was ist? Wollt ihr die Äpfel faulen lassen? Guten Appetit!"
Jetzt hoben die Tiere die Köpfe.
Sie freuten sich sehr.
Wie frisch glänzten die Äpfel!
Und wie süß dufteten sie!
Aber keiner stürmte voraus.
Jeder ließ den anderen höflich den Vortritt.
„Du zuerst", sagte Herr Hahn zu Frau Huhn.
„Bitte bedien dich", sagte Frau Schaf zu Herrn Hahn.
„Nach dir", sagte Herr Schwein zu Frau Schaf.
„Sei so gut", sagte Martha Ziege zu Herrn Schwein.
„Lass es dir schmecken", sagte Leo Pony zu Martha Ziege.
„Wenn ich bitten darf", sagte Frau Hirsch zu Leo Pony.
„Die Dame voraus", bat Herr Hirsch seine Frau.
Es wurde ein richtiger Schmaus, ein echtes Apfelfest.

Die Tiere hüpften und tanzten um den wunderbaren Apfelbaum herum.
Herr Hahn schwang einen Flügel um Frau Huhn. Herr Schwein spielte Ringelschwänzchen mit Frau Schaf. Leo Pony tanzte Rock 'n' Roll mit Martha Ziege.

Und Herr Hirsch schmuste verliebt mit seiner Frau.

Keiner brauchte mehr zu bangen, ihm würde das Leckerste vor der Nase wegstibitzt.

Woher kommt der Apfel?

Im September hängen Sträucher und Bäume voller Früchte:
Äpfel und Kastanien, Eicheln, Hagebutten und viele mehr.
Jede Frucht entsteht aus einer Blüte, die den Sommer über heranreift.
Weißt du, aus welcher Blüte welche Frucht wächst?

Aus diesen Blüten wachsen beliebte Früchte mit kleinen Kernen. Kennst du diese Früchte?

Wir Menschen züchten gerne Rosen. Denn Rosen duften besonders gut. Was aber wird aus den Blüten der Wildrose?

Diese Blüten bemerkt man kaum. Was wohl aus ihnen wächst?

Wie Kerzen schmücken diese Blüten Bäume. Weißt du, was aus ihnen wird?

Hagebutten

Eicheln

Kastanien

Äpfel

Text und Fotos: Katrin und Frank Hecker

Verrückte Welt

Das gibt's doch nicht! Oder doch?
Zehn Fehler stecken in diesem Bild. Findest du alle?

Apfelkönig und Kürbiskinder

Du brauchst:
- Äpfel, Hagebutten, Zierkürbisse, Blätter, getrocknete Blüten, Beeren, Stiele
- Krepp-Papier, Goldfaden
- Stecknadeln, Holzstäbchen, Klebstoff
- Filzstifte und Goldstift

Mit den Früchten des Herbstes kannst du Königinnen und Könige und auch einen ganzen Hofstaat basteln. Oder du denkst dir Fantasiewesen aus. Köpfe und Knöpfe, Hände und Füße lassen sich am besten mit Stecknadeln oder mit Holzstäbchen befestigen.

Oktober

Oktoberwind

Sigrid Gregor

Der Wind reißt an den Zweigen,
die Blätter wehn davon ...
Der Wind lässt Drachen steigen,
ein halbes Dutzend schon ...

Und viele Tiere suchen,
was noch im Winter schmeckt.
Der Wind hat unter Buchen
für sie den Tisch gedeckt.

93

Das kleine Ahornblatt

Eine Geschichte von
Marie-Theres Schmeling
mit Bildern von Dorothea Desmarowitz

Das kleine Ahornblatt hing gemeinsam mit vielen anderen Blättern an einem Baum. Dieser Baum spendete den Leuten im Sommer Schatten, in dem sie spielen oder sich ausruhen konnten.
Als der Sommer zu Ende ging und es Herbst wurde, begannen sich die Blätter zu verändern. Sie waren nicht mehr saftig und grün wie im Sommer, sondern sie wurden trocken und färbten sich rot, gelb und braun.
Der Wind pfiff jetzt viel stärker.
Und so fielen die Blätter nach und nach vom Baum hinunter auf die Erde.
Das kleine Blatt aber wollte nicht vom Baum fallen. Es wollte an dem Ast hängen bleiben und von dort beobachten, was auf der Erde alles passierte.
Das kleine Blatt hatte Angst, dass es zum Abfall gehören würde, wenn es auf den Boden fiele. So klammerte es sich mit aller Kraft an den Zweig und hoffte, dass es für immer auf dem Baum bleiben könnte.
Aber dann kam eine starke Windböe, sie fasste das Blatt und riss es vom Baum. Das Blatt dachte: „Wenn der Wind mich jetzt doch vom Baum geholt hat, lasse ich mich wenigstens von ihm durch die Stadt tragen."
Und der Wind brachte das Blatt hinüber zum See.
Dort flog es über das Wasser und beobachtete die Enten, die von den Kindern mit Brot gefüttert wurden.
Der Wind trug das Ahornblatt weiter, mitten in die Stadt hinein ...
Dort stand die Kirche mit dem großen Turm und den schönen bunten Fenstern. Begeistert schwebte das Blatt um die Kirche herum. Doch plötzlich war da ein Ohren betäubendes Geräusch, und das kleine Ahornblatt geriet ganz aus dem Gleichgewicht.
Die Kirchturmglocke hatte zur vollen Stunde geschlagen.
Wie das Blatt so ins Trudeln kam, fiel es immer weiter und weiter nach unten. Ein Hund hatte das Blatt bemerkt und versuchte es zu fangen.
Aber das Blatt wollte sich nicht fangen lassen.
Und so spielten die beiden eine ganze Weile.
Bis wieder ein Windstoß kam und das Blatt weitertrug ...

Der Wind brachte das Ahornblatt in einen großen Park.
Hier sah es viele andere Blätter, die an einer Hecke zu einem Haufen zusammengeweht waren.
Auf einmal bewegte sich der Blätterberg.
Was mochte das sein?
Zwischen den Blättern schob sich eine kleine Schnauze hervor.
Und dann ... noch eine ... und noch eine.

Eine Igelfamilie machte sich unter den schützenden Blättern ein Quartier für den Winterschlaf zurecht.
Da freute sich das Ahornblatt und ließ sich vom Wind auf den Blätterhaufen tragen, um die Igel in der kalten Jahreszeit zu wärmen.

Den Winter über dachte das Ahornblatt oft an die kleine Igelfamilie – und fand es auf dem Blätterberg genauso schön wie im Sommer auf dem Baum.

Schoko-Blätter

- 50 g Kuvertüre (halbbitter, Vollmilch oder weiß)
- schöne Blätter, zum Beispiel von Efeu, Rosen, Buchen

Blätter abwaschen und abtrocknen.

Efeublatt   Rosenblatt

Kuvertüre im Wasserbad schmelzen.

Vorsichtig ein Blatt am Stängel durch die flüssige Kuvertüre ziehen.

Auf einem Teller fest werden lassen.

Blätter am Stängel halten, abziehen.

Jede Ader ist zu sehen!

Sehen aus wie echt und schmecken lecker ...

Die Schokoblätter kannst du auf Eis, Quark, Vanillepudding und Torten legen – oder einfach so essen.

Rezept und Illustrationen: Dorothea Desmarowitz

Der Weg des Igels

Der Igel will zum Laubhaufen, um Winterschlaf zu halten. Vorher frisst er sich noch satt. Wie viele Schnecken und Würmer findet er auf dem Weg?

Illustration: Irene Sarre

Das Eichhörnchen frisst sich im Herbst an Bucheckern, Fichtenzapfen, Eicheln und Nüssen satt.

Was das Eichhörnchen nicht aufessen kann, vergräbt es. Die Verstecke findet es sogar unter einer dicken Schneedecke wieder!

Was machen die Tiere im Herbst?

Bevor der Winter kommt, haben unsere Tiere eine Menge zu tun.
Denn wenn Schnee fällt, finden sie nicht mehr viel zu fressen.
Darum müssen sie sich die Bäuche jetzt dick und rund futtern.
Ganz Schlaue legen Speisekammern mit Vorräten für den Winter an.

Mäuse verstecken Bucheckern und Nüsse im Laub. Darum ist es gut, wenn unter Bäumen und Sträuchern das Laub liegen bleibt. Wird das Futter knapp, ziehen Mäuse gern in Menschenhäuser um!

Der Igel frisst sich ordentlich satt. Das muss dann für den ganzen Winter reichen. Den verschläft der Igel in einem Versteck unter Ästen und Laub.

Der Eichelhäher fliegt zwischen Eichen und seinem Versteck im Wald hin und her. In seinem Kehlsack transportiert er mehr als zehn Eicheln auf einmal. Die vergräbt er im Boden. So versteckt er zehntausende von Eicheln als Wintervorrat! Nie und nimmer kann er die alle wiederfinden. Aus den vergessenen Eicheln wachsen Bäume und ganze Wälder!

Text und Fotos: Katrin und Frank Hecker

Herbstwald

Im Wald gibt es viel zu entdecken: riesige Bäume, große und kleine Tiere, Pilze, Beeren und andere Früchte. Und was siehst du noch?

Reh und Kitz

Fuchs

Hirsch

Ameisen

Specht

Fliegenpilze

Eicheln

Eichhörnchen

Dachs

Wildschwein

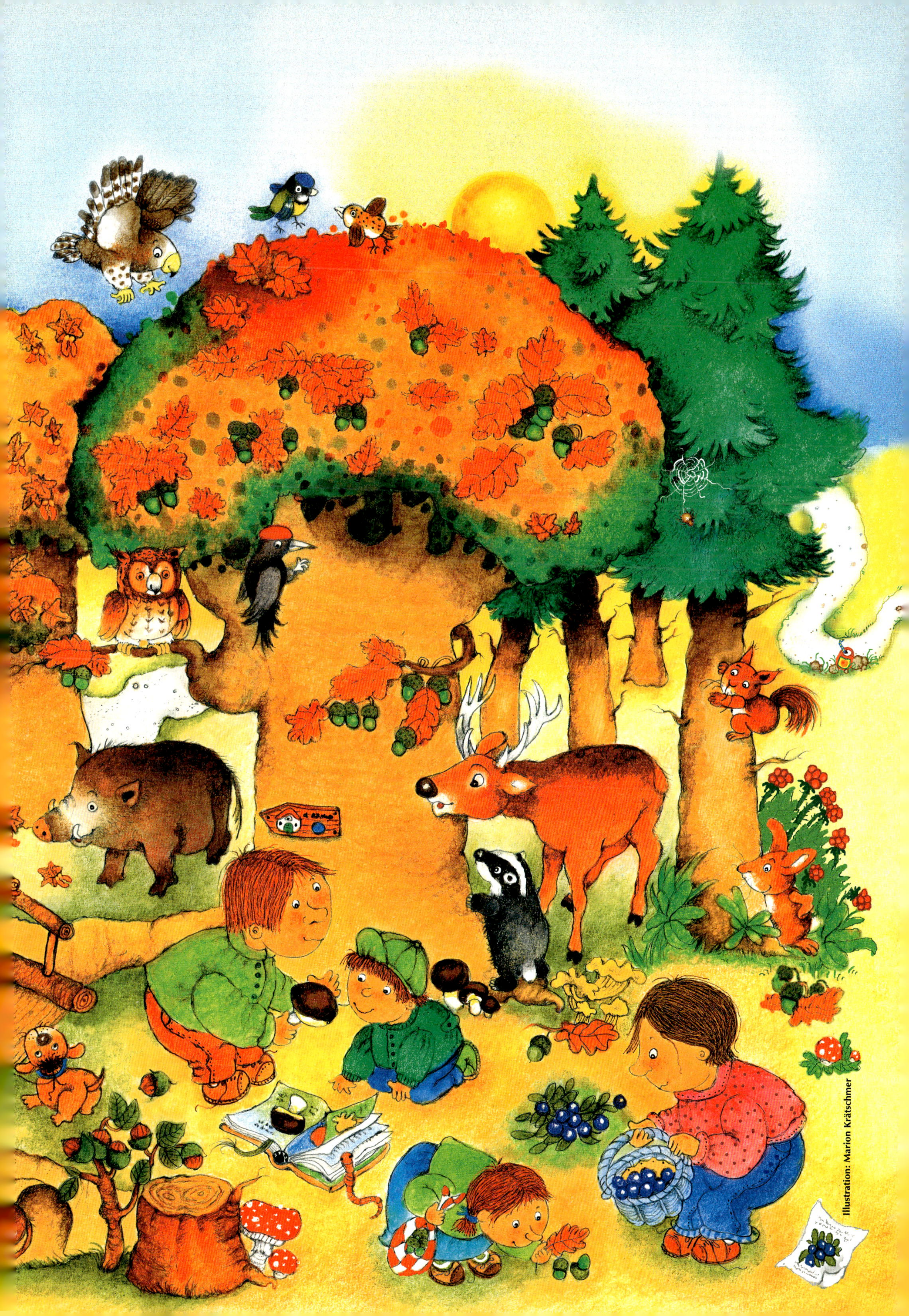

Illustration: Marion Krätschmer

November

Regenwetter

Anja Ruthenberg

Plitsche, platsche,
eins, zwei, drei,
gehn wir vier
in einer Reih.

Stipfe, stapfe,
durch die Pfütze,
auf dem Kopf
die Regenmütze.

Auf die Erde
um uns her,
klatschen Tropfen
mehr und mehr.

Plitsche, platsche,
eins, zwei, drei,
langsam wird man
nass dabei.

Stipfe, stapfe,
schnell ins Haus,
ziehn ruckzuck
die Sachen aus.

Ziehn uns
trockne Sachen an,
draußen bleibt
der Schnupfenmann.

103

Entdecker im Nebelwald

Eine Geschichte von Christa Kempter
mit Bildern von Pia Eisenbarth

An einem Tag im November beschloss Kurt Hasenbein, Entdecker zu werden. Lisa Hasenbein, seine Frau, schüttelte den Kopf. „Ausgerechnet Entdecker! Muss das sein? Außerdem ist doch schon alles entdeckt worden: Amerika, der Dschungel, die Wüste und Weiß-der-Kuckuck-was."
„Hast du eine Ahnung!", rief Kurt Hasenbein. „Es gibt noch unglaublich viel zu entdecken."
„Was denn, Papa?", wollte Helene, seine kleine Tochter, wissen.
„Äh, vergrabene Schätze, versunkene Schiffe, unbekannte Länder, ausgestorbene Tiere und all so was."
Helene war begeistert: „Super! Dann geh ich mit dir auf Entdeckung!"
Kurt Hasenbein holte seine grüne Latzhose mit den elf Taschen. Da steckte er all die nützlichen Dinge rein, die ein Entdecker unterwegs braucht: Taschenlampe, Lupe, Kompass, Zahnbürste, Taschentücher, Hustenbonbons, Sicherheitsnadeln, Notizblock, Landkarte, Schere und Lakritzschnecken.
Als nächstes braute Kurt Hasenbein einen echten Entdeckersaft, zur Stärkung auf anstrengenden Expeditionen.

Der Tag war neblig-grau und regnerisch, und es wehte ein kalter Wind. Doch das störte Kurt Hasenbein überhaupt nicht.
„Gerade bei diesem Wetter macht man die besten Entdeckungen", sagte er.
„Was denn?", wollte Helene wissen.
„Zum Beispiel im Laub vergrabene Schätze, versunkene Schiffe im Moor, oder man entdeckt Grausinde, das Nebelgespenst."
„Klasse!", meinte Helene. „Dann gehen wir doch gleich mal los."
Lisa Hasenbein schüttelte den Kopf.
„Muss das Kind wirklich mit? Bei diesem scheußlichen Wetter?"
„Liebste Lisa", sagte Kurt Hasenbein, „das Kind ist meine Entdecker-Gehilfin. Und außerdem macht es ihm Spaß."
Er zog seinen Notizblock aus Tasche Nummer acht und notierte: „11.46 Uhr, Aufbruch zur großen Nebel-Expedition."
Dann zogen die beiden los.
Als sie in den Wald kamen, nahmen sie einen kräftigen Schluck Entdeckersaft. Kurt Hasenbein holte die riesige Entdecker-Taschenlampe aus Tasche Nummer eins. „Damit wir die Schätze leichter entdecken", erklärte er.
„Oder das Nebelgespenst", meinte Helene.
Sie steckten ihre Köpfe in jeden hohlen Baumstamm und buddelten an allen verdächtigen Stellen. Doch keine Spur von einem Schatz.
Plötzlich raschelte es hinter ihnen. Kurt Hasenbein zuckte zusammen.
„Was war das?", fragte Helene erschrocken.
„Das werden wir gleich haben", meinte der große Entdecker und leuchtete mit seiner Taschenlampe.

Doch es war nur ein Eichhörnchen, das noch Wintervorräte suchte. Kaum hatten sie sich von dem Schrecken erholt, knackte und schnaufte es im Unterholz. „Das könnte das Nebelgespenst sein, Helene!", flüsterte Kurt Hasenbein. „Aber Papa", flüsterte Helene zurück, „Ein Gespenst macht doch nicht solchen Lärm!"
„Du hast Recht, meine schlaue Entdecker-Gehilfin. Dann wird es wohl ein Wildschwein gewesen sein."
Im feuchten Herbstwald roch es nach Erde und verfaultem Laub. Die beiden schlichen kreuz und quer durchs Unterholz. Immer wieder rutschten sie auf glitschigen Wurzeln und nassen Blättern aus. Plötzlich flüsterte Helene aufgeregt: „Da, Papa, ein Gespenst! Es kommt direkt auf uns zu!"
„Bist du sicher?", meinte der Entdecker-Papa. „Stell dir vor, es wäre Grausinde, das Nebelgespenst! Welch wunderbare Entdeckung!" Aufgeregt putzte er seine Brille, um besser zu sehen – und stellte enttäuscht fest, dass es nicht Grausinde war, sondern graue Nebelfetzen, die durch den Wald schwebten und immer dichter wurden.
„Schuhuhu", machte es im nächsten Moment über ihnen. Kurt Hasenbein hielt Helene ganz fest an der Hand. Aber es war nur die alte Eule, die zur Mäusejagd aufbrach.
„Weißt du eigentlich, wo wir sind?", fragte Helene zaghaft.
„Kein Problem", sagte der große Entdecker und griff in Tasche Nummer drei. Doch da war kein Kompass mehr. Die Tasche hatte ein Loch. „Macht nix", erklärte Kurt Hasenbein. „Ein echter Entdecker verlässt sich am liebsten auf seine Nase."
Also liefen sie immer der Nase nach, bis Helene jammerte: „Ich kann nicht mehr. Ich hab 'ne Blase am Fuß. Und kalt ist mir auch."
Es war inzwischen dunkel geworden. Der Nebel hatte sich verzogen und ein heftiger Wind war aufgekommen. Durch den Wald ging ein Rauschen, die Wipfel der Bäume ächzten und knarrten.
„Wie gruselig", flüsterte Helene. „Ich will nach Hause, Papa. Weißt du den Weg noch?"
„Gute Frage", sagte Kurt Hasenbein und zog die Landkarte aus Tasche Nummer neun. Doch ein Windstoß riss sie ihm aus der Hand und wirbelte sie davon.
„Macht nix", meinte Kurt Hasenbein. „Sie war sowieso ganz durchlöchert."
Zum Glück kam gerade der Mond hervor und Kurt Hasenbein machte eine aufregende Entdeckung. „Schau dir das an!", flüsterte er. „Zwei rätselhafte Fußspuren. Eine große und eine kleine."
„Aber Papa", meinte Helene, „sind die nicht von uns?"
„Ach so, natürlich", sagte Kurt Hasenbein. „Wir brauchen ihnen nur zu folgen, und schon sind wir wieder zu Hause."
„Und was ist mit den vergrabenen Schätzen und Schiffen und Grausinde, dem Nebelgespenst, Papa?", murmelte Helene, als sie spät am Abend in ihrem Bett lag.
„Aber Helene! Wer wird denn jetzt davon reden! Ich habe den richtigen Weg entdeckt. Ist das etwa nichts?"
Doch, das war es allerdings. Das musste sie ihm lassen, ihrem großen Entdecker-Papa.

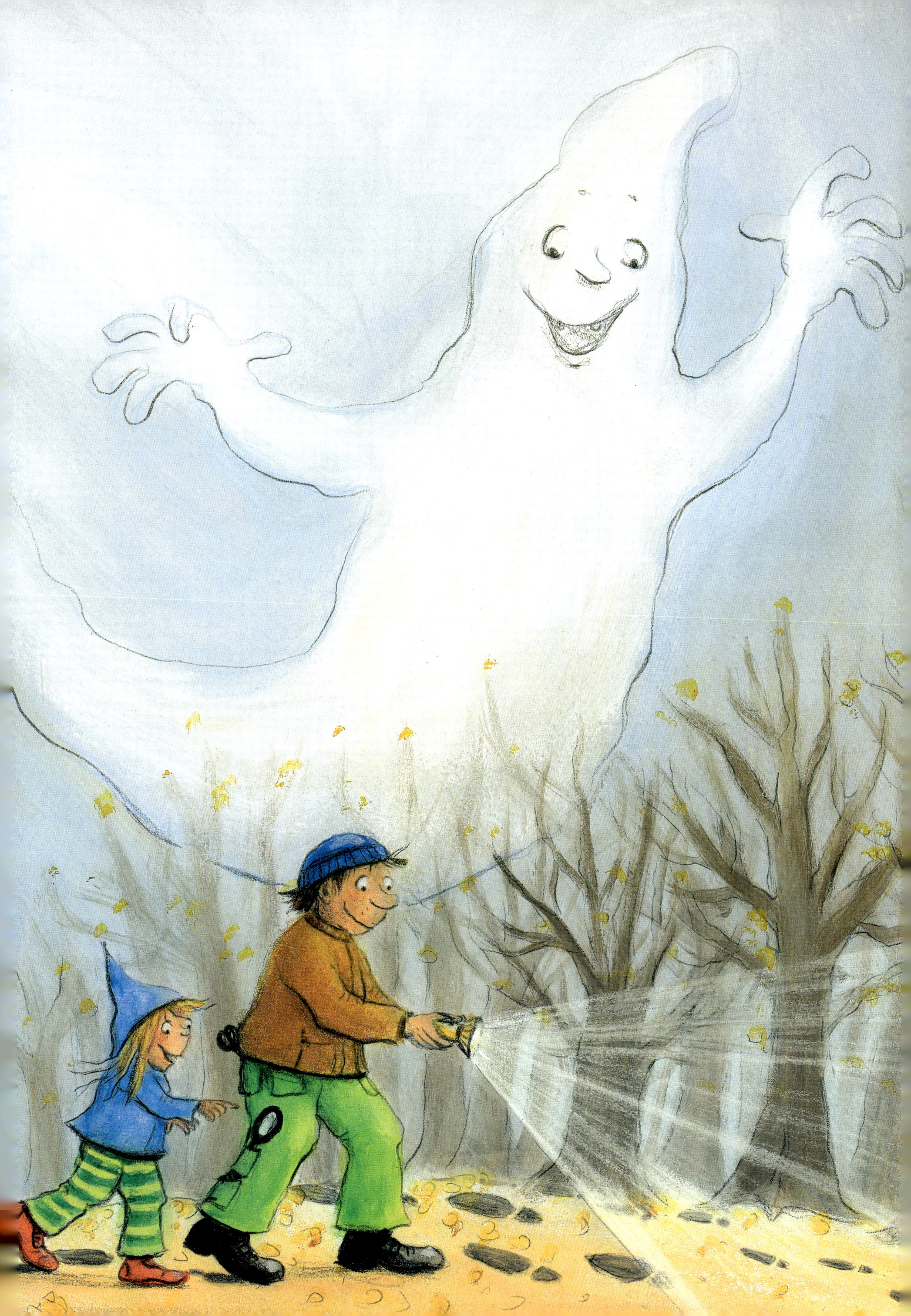

Ein Männlein steht im Walde

Geheimnisvoll verstecken sie sich im Sommer – im Herbst sprießen sie hervor: die Pilze. Sie sehen hübsch aus, doch viele sind für uns Menschen giftig. Wie der Fliegenpilz. Deshalb aufpassen!

Der **Steinpilz** wurde früher Herrenpilz genannt: Nur „hohe Herren" durften den begehrten Speisepilz essen.

Der **Riesenbovist** ist so groß wie ein Fußball oder größer! Manche sind 25 Kilo schwer!

Der steinharte **Zunderschwamm** brennt wie Zunder: Früher warf man den Pilz am Abend ins Feuer, damit es nachts nicht erlosch.

Ein **Stockschwämmchen** kommt nie allein: Sie überwuchern oft ganze Baumstümpfe.

Text und Fotos: Katrin und Frank Hecker

Im Nebel

Ganz schön neblig im Wald.
Aber Katrin und Tom finden
ihren Weg bestimmt.
Findest du alle elf Tiere?
Von welchen Bäumen
stammen die bunten Herbst-
blätter am Boden?

Ein Waldgeist?

Bei einem Waldspaziergang kannst du Rindenstücke sammeln – und zu Hause dann ein Waldbild basteln.

Du brauchst:
- Karton, Tonkarton, Buntpapier
- Knöpfe
- Rindenstücke
- Schere, Klebstoff, Nadel und Faden

1 Du schneidest einen Baum aus Karton aus. Den Stamm beklebst du mit Rinde. Und auf die Krone nähst du Knöpfe.

2 Schneide eine Eule aus Tonkarton. Die Füße biegst du nach vorne, sodass die Eule steht. Sie bekommt ein Kleid aus gerissenem Buntpapier und Federohren angeklebt und gelbe Knopfaugen aufgenäht.

Idee und Realisierung: Sabine Lohf

Nuss-Schoko-Mus

- 150 g Haselnüsse oder Mandeln, frisch gemahlen
- 1 Teelöffel Kakao
- 1/2 Teelöffel Zimt
- 1/2 Teelöffel Vanille
- 2 Esslöffel Butter
- 2 Esslöffel Honig

Alle Zutaten können im Mixer zu Mus zermahlen werden – es macht aber auch viel Spaß mit Stößel und Mörser!

Nüsse zerstoßen.

Zimt und Vanille dazugeben. Mischen und stampfen.

Butter und Kakao zugeben und stampfen.

Mit Honig mischen.

Im Glas 14 Tage gekühlt haltbar.

Lecker auf Zwieback, Brötchen und Keksen. Mmmh …

Rezept und Illustrationen: Dorothea Desmarowitz

Dezember

Wenn es Winter wird im Land

Ein Lied von Ulrich Maske (Text)
und Henning Kasten (Musik; nach Motiven aus Skandinavien)
mit einem Bild von Ulrike Baier

Wenn es Winter wird im Land, ist es nacht-blau-er Tag. Und die Sonne seh ich kaum. Warum ich ihn wohl mag? Winter ist so kalt und schwer, doch den Winter lieb ich sehr. Schnee, ich lauf dir hinterher.

Zweite Strophe Seite 62.

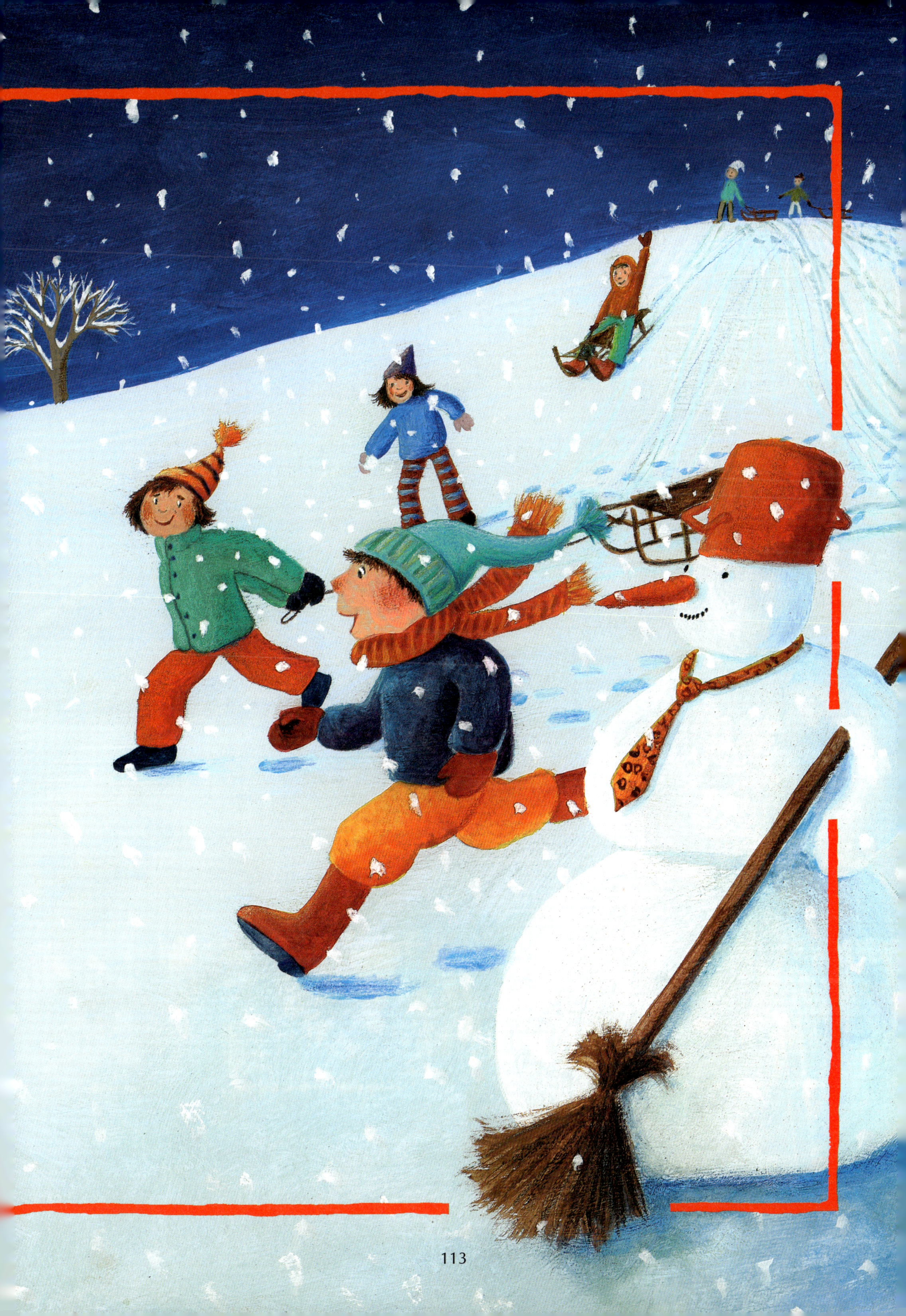

Bären schlafen im Winter

Eine Geschichte von Barbara Peters
mit Bildern von Brigitte Weis

Der kleine Bär kannte den Winter nicht, von dem der Fuchs, das Eichhörnchen und die weise Eule erzählten.
„Alle Bäume sind mit glitzerndem Raureif überzogen!", berichtete der Fuchs. „Wenn die Sonne scheint, dann funkeln die Zweige, als wären sie mit lauter Edelsteinen geschmückt!"
„Und der Waldboden ist mit weichem, weißem Schnee bedeckt", erzählte die Eule und machte große Augen.
„Am schönsten ist es, wenn es schneit!", rief das Eichhörnchen. „Die Schneeflocken wirbeln durch die Luft und wenn du eine auffängst, dann siehst du, dass sie ein kunstvoller kleiner Stern ist."
„Das tollste aber ist, wenn der See zufriert!", schwärmte der Fuchs.
„Zufrieren?", fragte der kleine Bär. „Was bedeutet das?"
Die weise Eule, die beinahe alles wusste, erklärte: „Wenn es sehr kalt ist, dann friert das Wasser im See zu Eis. Es wird fest und spiegelblank."
„Und dann", erklärte das Eichhörnchen aufgeregt, „dann kann man über das Wasser laufen!"
Der Bär musste lachen. „Du meinst schwimmen!", verbesserte er.
„Nein! Man kann über den See laufen und die Füße bleiben trocken", widersprach das Eichhörnchen.
Der kleine Bär bekam riesengroße, kugelrunde Augen.
„Und das allerschönste", fuhr der Fuchs fort, „sind die vielen Kinder, die auf dem Eis Schlittschuh laufen."

„Schlittschuh?", fragte der kleine Bär verdutzt. „Was ist Schlittschuh?"
„Das sind Schuhe mit blanken, scharfen Messern an der Sohle. Damit gleiten die Kinder wie der Wind über das Eis!"
Die Eule wusste wirklich fast alles!
Der kleine Bär seufzte. „Das möchte ich gerne sehen, aber ich muss ja immer Winterschlaf halten. Mama wird mir nicht erlauben, dass ich aufstehe und mir den Winter ansehe." Traurig ließ der kleine Bär seinen Kopf hängen.

Der goldene Herbst ging vorüber. Die Stürme und die Kälte kamen ins Land. Es wurde Zeit für den Winterschlaf, und so legte sich die Bärin mit ihrem Sohn in der gemütlichen Höhle auf ein Lager aus Tannenzweigen und trockenem Laub. Der kleine Bär kuschelte sich an seine Mutter und gähnte. Es war ein aufregendes Frühjahr gewesen, ein heißer Sommer und ein spannender Herbst. Der Bär hatte viel erlebt und war nun sehr müde. Die Bärin kraulte ihn hinter den Ohren und wollte gerade eine „Guten-Winter-Geschichte" erzählen, als der kleine Bär fragte: „Du, Mama, darf ich in diesem Winter ein Mal, nur ein einziges Mal aufstehen und in den Wald gehen?"

Die Bärin schüttelte den Kopf. „Was willst du denn im Winter im Wald? – Dort ist es bitterkalt und ungemütlich! Nein, nein, mein Junge. Bären schlafen im Winter." Und mit diesen Worten nahm sie ihr Kind in den Arm und begann zu erzählen. Es dauerte nicht lange, und der kleine Bär war eingeschlafen.

Eines Nachts, mitten aus dem tiefsten Winterschlaf heraus, erwachte der kleine Bär. Er setzte sich auf. Seine Mutter lag neben ihm. Sie schlief ruhig und schnarchte leise. Zuerst wusste der kleine Bär nicht, warum er aufgewacht war, aber dann fiel es ihm ein: Er wollte mit eigenen Augen den Winter sehen! Behutsam stand er auf und schlich auf Zehenspitzen zum Höhlenausgang. Draußen war es kalt und dunkel. Der Nachthimmel war von Sternen übersät und in der Ferne leuchtete der Mond. Der kleine Bär lauschte.

Seine Mutter atmete gleichmäßig. Sie hatte nicht gehört, dass er aufgestanden war. Da nahm er all seinen Mut zusammen und verließ die Höhle, ohne sich noch einmal umzusehen.

Der Wald ringsum war tief verschneit. Staunend stapfte der kleine Bär durch den knirschenden Schnee. Wenn er die Pfoten hob, stäubte der Schnee schimmernd im Mondlicht. Wunderschön sah das aus. Mit neugierigen Augen wanderte der Bär durch die Winterpracht. Alles war genau so, wie seine Freunde es erzählt hatten.

Er erreichte die Stelle, wo im Sommer der See gewesen war. Erstaunt blieb er stehen. Wie durch Zauberei war der See verschwunden. Vor ihm lag eine verschneite Lichtung. Der kleine Bär wollte sie überqueren, um den See zu suchen. Mit einem großen Schritt betrat er die weiße Fläche – da rutschten seine Beine auseinander, unsanft landete der kleine Bär auf dem Bauch.

Erschrocken sah er sich um. Dann wischte er mit beiden Vorderpfoten den Schnee beiseite und entdeckte darunter eine spiegelnde, glatte, kalte Fläche. War das etwa das gefrorene Wasser, von dem die weise Eule berichtet hatte? War der See in der Kälte fest wie ein Waldweg geworden? Der kleine Bär beschloss, einen Spaziergang auf dem harten See zu machen. Doch als er aufstehen wollte und auf seine linke Pfote trat, da tat diese so weh, dass ihm die Tränen in die Augen stiegen.

Er lag still und dachte nach. Was sollte er nun tun? Wie konnte er mit seiner verletzten Pfote zurück in die Höhle zu seiner Mutter gelangen? Und nun begann er auch noch jämmerlich zu frieren.

Die Kälte kroch vom Eis durch seinen Pelz. Der kleine Bär zitterte, während ihm die Tränen über die Wangen liefen. „Mama!", rief er leise, obwohl er wusste, dass sie ihn nicht hören konnte, weil sie tief und fest ihren Winterschlaf schlief. „Mama! Mama!"

Plötzlich tauchte ein dunkler Schatten am Ufer des Sees auf. Große Angst packte den kleinen Bären. Der Schatten huschte durch den Schnee und kam immer näher. Doch auf einmal schien der Schatten dem kleinen Bären vertraut. Der kalte Klumpen Angst in seinem Bauch löste sich langsam auf.

„Mama?", fragte der kleine Bär vorsichtig und hörte bereits das Brummen seiner Mutter. Als sie ihn mit ihren Zähnen liebevoll am Nackenfell packte und in die Höhe hob, wurde ihm schwindelig vor Freude und Wärme.

Eilig trug die Bärin ihr Junges zurück in die schützende Höhle.

Als der kleine Bär wieder in der Winterhöhle lag, ganz eng an seine Mutter geschmiegt, da fragte er leise: „Woher wusstest du, wo ich war?"

Da lächelte die Bärin. „Auch ich war jung und neugierig und wollte Schnee und Eis kennen lernen." Sie nahm ihren Sohn in die Arme. „Und nun komm, du weißt doch: Bären schlafen im Winter!", flüsterte sie und schlief ein.

Der kleine Bär kuschelte sich in ihre Arme und dachte:
„Wie bin ich froh, dass ich den Winter gesehen habe."

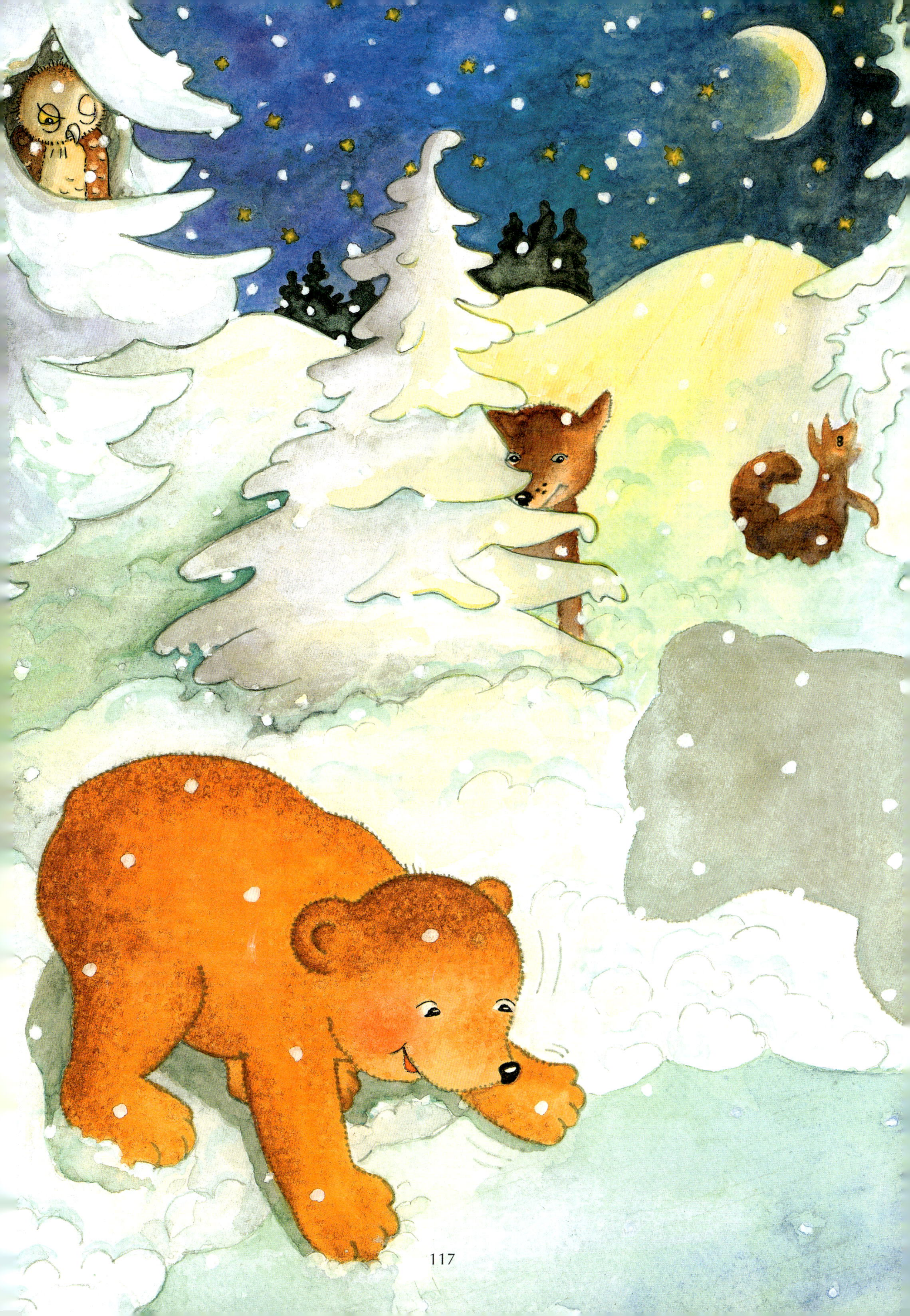

Was machen die Tiere im Winter?

Für die Tiere ist jetzt eine harte Zeit angebrochen. Es ist kalt und sie finden kaum noch etwas zu fressen. Viele Tiere verschlafen den Winter deshalb einfach.

Kein grünes Blatt weit und breit und der Waldboden ist mit Schnee zugedeckt. So ziehen die **Damhirsche** durch den Wald und knabbern Zweige, Knospen, Rinde.

Kälte macht hungrig. Der **Fuchs** hält Ausschau nach einer Maus.
Hat es da nicht gerade am Wegrand geraschelt?

Fledermäuse sammeln sich in einer Höhle, kuscheln sich in ihre Flughäute und schlafen, bis es wieder wärmer wird.

Auch der **Dachs** verschläft den Winter. Nur wenn sein Magen allzu sehr knurrt, kriecht er aus seiner Höhle raus.

Der **Siebenschläfer** hält den Winterschlafrekord: Er verkriecht sich in seine Schlafhöhle und schläft sieben Monate lang!

Und was macht der **Zitronenfalter** in der Eiseskälte? Er ist der einzige Schmetterling, den du bei uns im Winter draußen sehen kannst. Er schläft im Gras, bis es wärmer wird. Manchmal deckt ihn der Schnee ganz zu.

Im Schnee versteckt?

Die Tiere suchen ihre Familien in der verschneiten Landschaft. Jedes muss zwei Familienmitglieder finden.

Hilfst du ihnen beim Suchen? Weißt du, wie die Tiere heißen und welche Fußspuren zu ihnen gehören?

121

Inhalt

Januar	**8**
Gedicht: Ein gutes Jahr!	9
Geschichte: Wie der Winter-zauberer überlistet wurde	10
Suchbild: Verkehrte Welt?	13
Natur: Eisige Blumen	14
Basteln: Frostbilder am Fenster	16
Lied: Der Geh-nicht-Mann	17

Februar	**18**
Gedicht: Die drei Spatzen	19
Natur: Unsere Vögel im Winter	20
Geschichte: Die Geschichte Grün	22
Suchbild: Winter, ade!	25
März	**26**
Gedicht: Frühlingsträume	26
Geschichte: Glückskäferglück	28
Natur: Marie Marienkäfer und ihre Babys	30
Basteln: Flieg geschwind wie der Wind	32
Suchbild: Der Frühling kommt	34
April	**36**
Gedicht: Die Kinder haben die Veilchen gepflückt	36
Geschichte: Das Rezept	38
Rezept: Möhren-Löwenzahn-Salat	40
Natur: Frühlingsboten	41
Gedicht: Das fremde Ei	42
Mai	**44**
Lied: Im grünen Wald	44
Geschichte: Herr Flupp und seine 7 Enten	46
Natur: Tierkinder im Frühling	50
Suchbild: Wer ist denn da?	52
Basteln: Alle meine Entchen	53

Juni	**54**	**Oktober**	**92**
Gedicht: Ein Tag im Juni	54	Gedicht: Oktoberwind	92
Geschichte: Ein grüner Gast	56	Geschichte: Das kleine Ahornblatt	94
Natur: Wer gehört zu wem?	58	Rezept: Schoko-Blätter	96
Suchbild: Spaß im Grünen	60	Suchbild: Der Weg des Igels	97
		Natur: Was machen die Tiere im Herbst?	98
Juli	**62**	Suchbild: Herbstwald	100
Lied: Wenn es Sommer wird …	62		
Geschichte: Der größte Schatz	64	**November**	**102**
Natur: Schätze am Strand	66	Gedicht: Regenwetter	102
Gedicht: Das Meer ist leer	68	Geschichte: Entdecker im Nebelwald	104
Rezept: Grillspieße mit Gemüse	70	Natur: Ein Männlein steht im Walde	108
Basteln: Strandgut	71	Suchbild: Im Nebel	109
		Basteln: Ein Waldgeist	110
		Rezept: Nuss-Schoko-Mus	111
August	**72**	**Dezember**	**112**
Gedicht: Der Wolkenpolterer geht um	73	Lied: Wenn es Winter wird …	112
Geschichte: Sonnenblume	74	Geschichte: Bären schlafen im Winter	114
Lied: Die Grille Ciciri	78	Natur: Was machen die Tiere im Winter?	118
Natur: Honigbiene Liese	80	Suchbild: Im Schnee versteckt?	120
September	**82**		
Lied: Erntefest	82		
Geschichte: Das Apfelfest	84		
Natur: Woher kommt der Apfel?	88		
Suchbild: Verrückte Welt	90		
Basteln: Apfelkönig und Kürbiskinder	91		

Auflösungen

Januar
Seite 13 „Verkehrte Welt?": Schwalben, Drachen, grüner Baum, Osterstrauß im Fenster, Kind geht baden, Kind mit Inliner, Kind barfuß, Kind pflückt Blumen, Kind mit Sommerkleidung im Iglu, Schmetterling, Igel, Frosch.

Februar
Seite 25 „Winter, ade!": 7 Eichhörnchen, 7 Vögel und 17 Krokusse.

April
Seite 41 „Frühlingsboten": links oben: Krokus; rechts: Weide; links unten: Schneeglöckchen.

Mai
Seite 52 „Wer ist denn da?": Hase, Rehkitz, Frischling, Schwan, Katze, Ente.

Juni
Seite 58/59 „Wer gehört zu wem?": Raupe und Schmetterling, Kaulquappe und Frosch, Engerling und Maikäfer, Larve und Libelle.

Juli
Seite 66/67 „Schätze am Strand": 1) Seestern; 2) Gelege eines Austernfischers; 3) Eiballen einer Wellhornschnecke; 4) Qualle; 5) Schulp eines Tintenfischs.

September
Seite 88/89 „Woher kommt der Apfel?": 1) Äpfel; 2) Hagebutten; 3) Eicheln; 4) Kastanien.
Seite 90 „Verrückte Welt": Schwein mit Flügeln, Pferd am Dachfenster, Kuh mit Schirm, Gans auf Rad, Brot auf Baum, Schaf mit Hirschgeweih, Möhren auf Baum, Storch mit Brille, Kaktus im Teich, Fisch im Nest.

Oktober
Seite 97 „Der Weg des Igels": 5 Schnecken und 7 Würmer.

November
Seite 109 „Im Nebel": Fledermaus, Eichhörnchen, Eule, Specht, Reh, Wildschwein, Igel, 2 Mäuse, Hase, Spinne. Blätter von Eiche, Ahorn, Buche.

Dezember
Seite 120/121 „Im Schnee versteckt?": Spuren von links oben gegen den Uhrzeigersinn: Reh, Meise, Hase, Maus, Fuchs, Eichhörnchen, Wildschwein, Reh, Eule, Eichhörnchen, Hase, Meise, Fuchs, Wildschwein, Maus.

Das große „spielen und lernen"-Jahrbuch für Kinder
Mein buntes Jahr in der Natur
Velber Verlag
© 2004 Family Media GmbH & Co. KG, Freiburg

Coverillustration und Rabe Jakob: Irmgard Eberhard
Redaktion: Birgit Oesterle
Layout: Anja Schmidt
Notensatz: Nikolaus Veeser, Schallstadt

Quellennachweise
Geschichten:
Otto Königsberger „Die Geschichte Grün", Seite 22 © Daub Verlag, Menden.
Josef Guggenmos „Das Rezept", Seite 38, aus: Josef Guggenmos „Ich will dir was verraten" © 1992 Beltz & Gelberg Verlag, Weinheim und Basel

Lieder:
„Das Sonne-Mond-und-Wetter-Lied" Seite 6, „Im grünen Wald" Seite 44, „Wenn es Sommer wird im Land" Seite 62 und 112, „Die Grille Ciciri" Seite 80, „Erntefest" Seite 82 © Chico Musikverlag, Hamburg
„Der Geh-nicht-Mann" Seite 17 © Flopp Music

Wir danken allen Autoren, Illustratoren, Fotografen und Verlagen für die Abdruckgenehmigung.
Sollten wir eine Quelle nicht genannt haben, bitten wir die Rechteinhaber, uns dies mitzuteilen.

Die Lieder und einige Gedichte aus diesem Buch sind auf CD und MC erschienen:

Mein buntes Jahr in der Natur
Das große JahrHörbuch für Kinder
Jumbo Neue Medien & Verlag GmbH, Hamburg
CD 3-8337-1094-2
MC 3-8337-1093-4

Gedichte

Suchbilder

Tiere